金融力

金融力提升之道 2

金融大未来

郑焜今 著

上海人民出版社

目录

Contents

序　言

美国通过对中国南海制约的战略，以及联印制中的策略，来削弱“一带一路”的影响力，甚至对中国采取战略大包围的态势，避免中国超越美国。面临这种状况，我们要如何突围？笔者认为，金融突破是一个上上之策，只要中国在维护主体性的前提下，以坚定的步伐进行金融国际化，就能把全球的财富吸引到中国来，美国的包围不攻自破。

金融开放一定要掌握主体性，才能攻守自如，要做到这一点，第一步先学习西方的金融理论和金融工具，第二步要通过传统的优秀智慧与民族文化，把西方的理论和工具运用得更加高妙。为了这个，必须把中国千年文化的结晶，如易经、道德经、华严经等融进金融领域。换句话说，要把知识转化成智慧，才能解决当前的诸多问题。可是，要转识成智并不容易。首先，要对修道理论有一定的认知，透过修道理论，来掌握事物的结构体、动力，只有把结构体和动力结合现象，才能圆满处理金融的长、中、短期变化。对于市场的力量，要如何去把握，需要从气数观下手，才能对事物发展的阶段有一个全面的理解。

中国的期货交易金额已经占全球的百分之六十，可见潜力之大，这么大的力量，要如何来引导，使它能够服务实体经济，而不是做一些投机的价差，这是未来必须面对的问题。如何把短线的投机心态扭转为长线的投资心态，就要有良好的心法，把心法跟方法做一个完美的结合，才能获得稳定的收益。

笔者从2003年来到上海，就对金融修道产生特别的兴趣，已出版了《股市艺术与财富》、《选股攻略》、《选股攻略实战应用》、《金融力提升之道》、《中华宝典与炒股制胜》五本书。出版这五本书就是希望国人在传统的金融分析领域，不但做到内存性，还能做到超越性，超越西方的金融领域，实现中国金融强国的愿景。《金融力提升之道2——金融大未来》这一本书更加强调知行合一与道术的圆满性，也是以上五本书的升华，希望对读者有所启发。

本书的出版承蒙苏编辑的精心策划，以及窦培文、王东辉、张辽宁同学在内容编排上的尽心尽力，在此一并感谢！

郑焜今

2017年8月

第一章　金融大未来

望庐山瀑布

李　白

日照香炉生紫烟，遥看瀑布挂前川。

飞流直下三千尺，疑是银河落九天。

部反转，未来止跌目标将在 6 469 点上下。换句话说，道琼斯要跌掉百分之七十，百分之七十的依据是一般的回调会回到第四大浪的底部。还有一种较小可能就是跌掉 6 成，到 9 000 点左右。这个影响力有多大，可想而知。道琼斯指数的带头修正，将影响全球其他国家市场的走势，产生同样的大节拍。

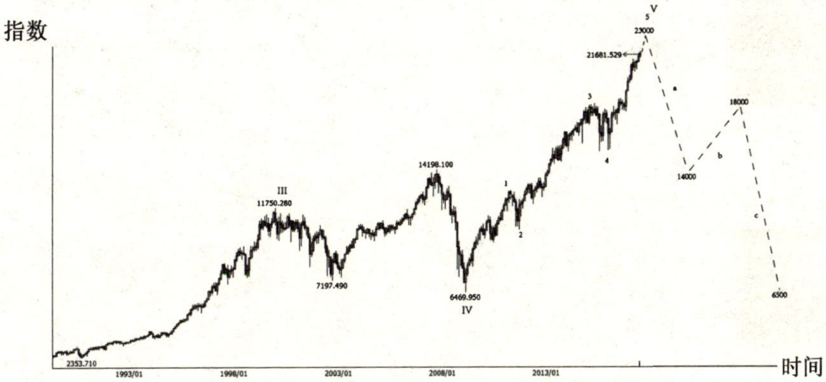

图 1　美国道琼斯指数月线及未来走势图

以下 4 个可能是造成美股大跌的原因：

1. 美元趋向贬值，特朗普新政是要大幅减少美国贸易逆差，最有效的方法是让美元不断贬值，从美元走势来看，未来美元指数可能跌破 90 大关向 62 挑战。

2. 美国经济景气发生实质性逆转，虽然 2018 年第一季度经济景气指标还会继续好转，但第二季度以后可能逆转，第一季度的好转只不过是回光返照而已。

3. 美股市盈率偏高，美股的主流股科技股股价已经高得离谱，平均市盈率已经达到 37 倍，比长期均衡水平 12 倍高出许多。未来科技股大幅修正 70%是可能的。

4. 全球自由贸易的逆转，由于美国采取贸易保护政策，破坏了全球过去 20 年的自由贸易，使得中美跟欧美的贸易关系增加不少障碍，会造成全球经济增长率的衰退，大国彼此之间信任度降低，战略摩擦增加，不利于未来全球发展。

除了以上四个原因，可能还有其他意想不到的理由导致美股下跌，下跌的趋势未来会明朗化。

第二节　中国股市神秘的十七年

如图 2 所示，上证指数从 1990 年 95 点上涨到 2007 年 10 月份 6 124 点，一共花了 17 年。6 124 点开始一个下降三角形的大整理，下降三角形的第一个高点 6 124 点，第二个高点 5 178 点，未来的第三高点会在 4 000 点左右，而它的底部都在 2 000 点上下，这个下降三角形要花费17年的时间才会走完。换句话说，到2024年之前，中国股市将处于一个大压缩的阶段。到了2024年以后，中国会展开金融国际化的大行情，加上产业转型的成功，把指数从2 000点拉到20 000点，但是也要花费17年的时间，一般超级大牛市都是走慢牛行情，所以需要17年。

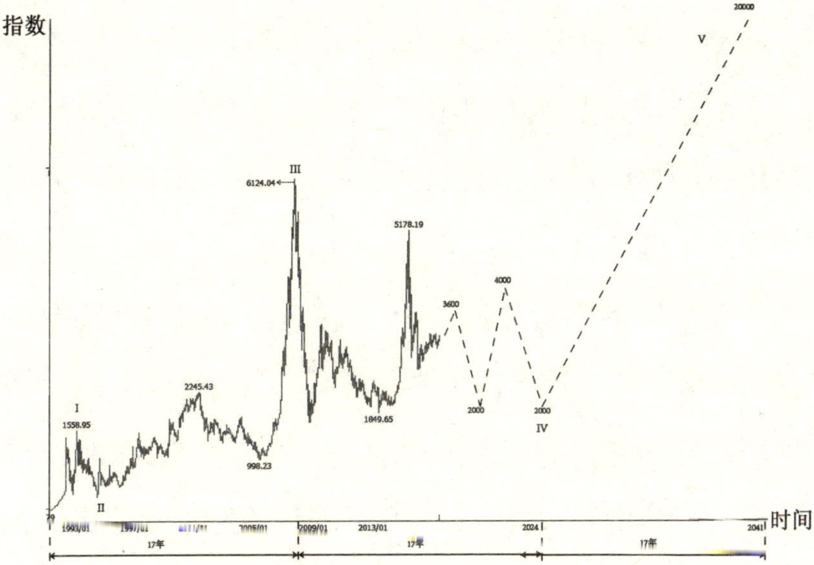

图2　中国上证指数月线及未来走势图

目前只是在3 400点上下，这里可能反弹到3 600点附近，等到道琼斯崩盘，往下修正回到2 000点。2 000点之后，还有一波行情，挑战4 000点，幅度大约一倍。然后，还要再拉回2 000点，整个节拍才算完成。

上证指数的第一大浪是 1 558 点，第二大浪是 325 点，第三大浪是 6 124 点，第四大浪是 2 000 点，第五大浪是 20 000 点。中国股市的大节拍落后全球很多，未来会产生后发优势，才有 20 000 点的大行情。

中国股市继续压缩 7 年之后，会产生一波国际化的大行情，背后有什么原因，造成中国未来的大牛市从 2 000点涨到 20 000 点：

1. 经济转型成功，中国在网络经济具有相当高的规模优势，才有马云和马化腾的崛起。同时，人工智能方面中国跟先进国家一样跑在第一梯队。

2. 中国的经济体制改革，具有很大的优势，转型容易。欧美等民主国家由于体制固定，要转型很困难，经济体制转型跟不上科技进步的脚步，全民的潜力很难发挥出来。大众创新，万众创业，只有通过体制创新才比较容易行得通。

3. 人民币国际化，从“一带一路”开始人民币已经逐步国际化，不过脚步很慢，到了 2024 年以后，人民币国际化可能加速。每一个国家的货币正式国际化，股市都会产生波澜壮阔的大牛市，平均上升 10 倍以上，从过去的日本到现在的印度都可以获得印证。

4. 人民币的超额发行需要找一个蓄水库，目前的蓄水库是房地产，未来房价一旦下跌，蓄水库的功能就大幅降低，这个时候必须找第二个蓄水库，第二个蓄水库可能就是股市。庞大的养老金和社保基金最好有一个缓慢的大牛市来支撑，才容易长期盈利。

5. 经济发展的阶段。欧美已经慢慢进入中年期跟老年期，中国还处在青壮期，中国的发展空间还很大，不管股市或经济都有巨大的想象空间。

除了以上五点原因，可能还有另外一些不为人知的因素造成国力的持续发展，股市也跟着走向慢牛的大行情。

第三节　印度 SENSEX 指数下跌比美国还严重

如图 3 所示，2009 年次贷危机期间，印度 SENSEX 指数的低点来到 7 697 点，然后展开末升段的五浪的上涨，预计高点会来到 36 000 点，然后激烈下跌，最后来到 7 700 点左右，跌幅接近百分之八十，算是全球重灾区。印度一直想追赶中国，一旦股市跌掉八成，追赶就困难了。

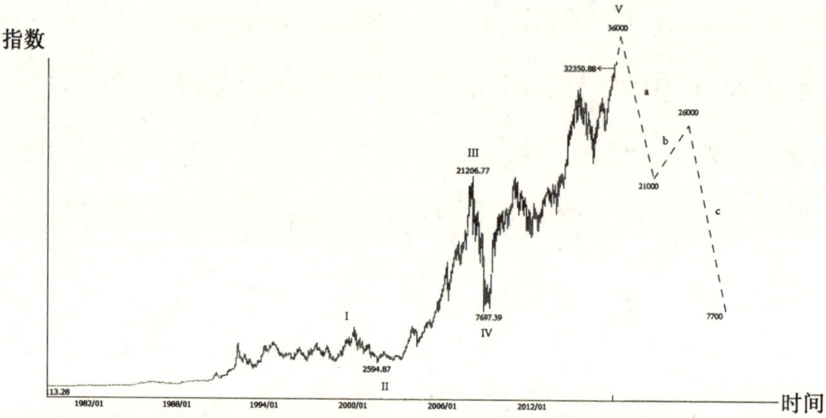

图 3　印度 SENSEX 指数月线及未来走势图

目前西方有一个看法，认为印度跟中国的国力竞赛是伯仲之间，从人口的数量来看，印度的潜力是不可小看，但是未来 20 年，印度要追上中国还很困难，理由如下：

1. 印度的股票已经大涨 10 倍以上，从 2 500 点涨到目前 32 000 点，已经走完第一个轮回的大牛市，要再涨第二个大牛市，可能要等 20 年，未来的印度股市可能在 7 000点到 20 000 点之间横向整理。

2. 印度的基础设施进度缓慢，这会影响印度追赶中国的速度，再加上金融市场进行的较大的区间整理，在未来 20 年中印的差距只会增加，不会减少。

3. 印度除非保持中立政策和有利于他的多边关系，如果一旦过度接近美国，他的战略灵活度将会减弱，不利于国家中长期发展。美国一直希望拉拢印度共同围堵中国，一旦印度接受这个战略构想，他将失去中国庞大市场的商机。

除了以上三个理由，可能还有一些突发事件会影响印度经济中长期发展，如此一来，对金融市场是不利的。

第四节　日本日经指数会创新低

如图 4 所示，日经从 1990 年在房地产泡沫的拉抬下，涨到 38 957 点，跌了 19 年，跌到 6 994 点。然后产生一个大反弹波，预计高点在 22 000 点左右，一旦美国股市崩盘，可能再度来回，跌破 6 994 低点，也许会回到 6 600 点。日经未来一段很长时间会在 20 000 点以下大横盘。

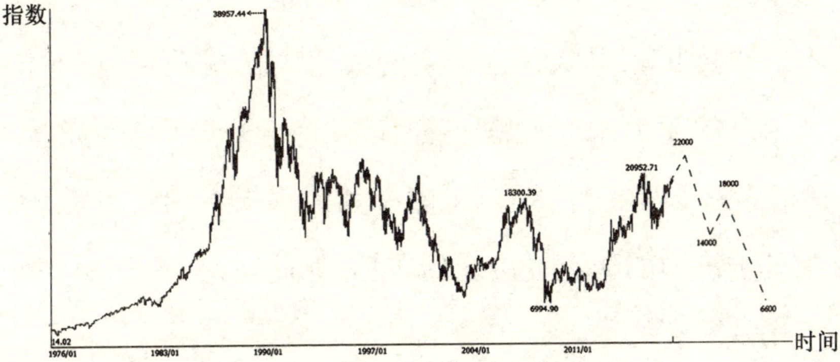

图 4　日本日经指数月线及未来走势图

日本的经济竞争力是蛮强的，尤其是在人工智能方面有不少领先全球的地方，但是他的中长线发展不能全靠人工智能来突破，因此日本的经济只会保持区间大整理，原因如下：

1. 日本的亲美政策以及国家正常化努力，会使中日关系趋于冷淡，一旦日本的科技领先被中国追上，中国势必对日更加冷淡，这对未来的日本经济是不利的。

2. 日本的金融市场有13年的循环现象，目前已完成第二个13年，准备进入第三个13年。换句话说，到2030年日本日经指数仍在22 000点到7 000点之间来回震荡。

3. 朝鲜问题本来就是朝鲜对美国的讨价还价，朝鲜只有跟美国的关系正常化，朝鲜的改革开放才有良好的背景。但是日本一直唯恐天下不乱，希望借此扩张军备，建立独立的国防政策，这是美国不可能答应的。因此，日本的再度扩张军队只会把它的战略大格局破坏掉，不利于未来的发展。

除了以上三个因素，可能有其他预想不到的因素，使中日美三国的稳定关系受到破坏，如此一来，对日本金融市场是不利的。

第五节　德国 DAX 指数有板有眼

德国人做事有板有眼，炒股也是一样，浪型特别标准。如图 5 所示，从 2000 年网络泡沫 8 136 点，进行一个大箱体调整，这个箱体在次贷危机爆发后的 2009 年完成，完成箱体之后，展开末升段的五浪上升，这个五浪结构将以13 500点附近完成头部，未来可能回到 3 600 点附近。

德国工业 4.0 和“中国制造 2025”展开激烈的竞争，一旦德国股票大跌，中国就有可能超越德国。

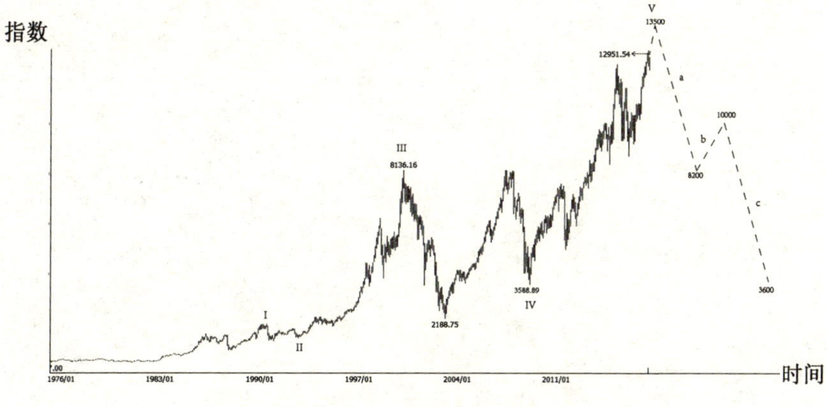

图 5　德国 DAX 指数月线及未来走势图

德国的工业 4.0 是提升国力之本，但在整个欧洲趋向于衰弱的大环境中，工业 4.0 很难产生巨大的效果，未来的德国 DAX 指数可能也是进行一个较大的区间整理，并且时间不会太短，德国的汽车自动驾驶目前领先全球，但是单凭这一点来摆脱欧洲的困境是很困难的。德国股市很难有大的发展，主要原因是它背了一个欧洲的大包袱。

第六节　英国富时 100 老大哥已经不行了

如图 6 所示，2000 年网络泡沫，富时 100 就已经涨到 6 950 点，2009 年次贷危机爆发后回到 3 460 点，随后的末升段显得有气无力，显示工业革命的老大哥已经不行了。预计未来高点会在 8 500 点上下，未来的调整会先

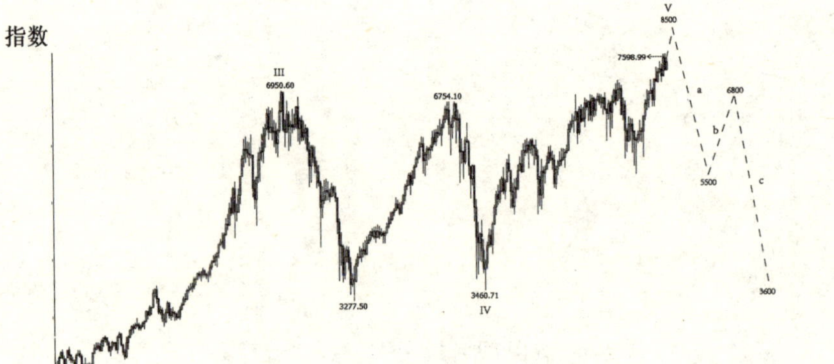

图 6　英国富时 100 月线及未来走势图

跌到 5 500 点，然后反弹到 6 800 点，再拉回到 3 500 点，跌幅大约六成。英国的大跌告诉我们：工业革命已经进入人工智能和大数据的新时代，英国在这两个领域已经落后全球先进国家。

英国脱离欧盟，对英国未来是好坏参半，好的是它可以脱离欧洲的包袱，坏的是它的经济活动空间缩小，这种保守的政策代表英国只是在避免衰退，已经不思进取了。

第七节　香港恒生指数是中国的缩影

如图 7 所示，2007 年 10 月，恒生指数来到 31 958 点，在次贷危机期间跌到 10 675 点，然后反弹到 30 000

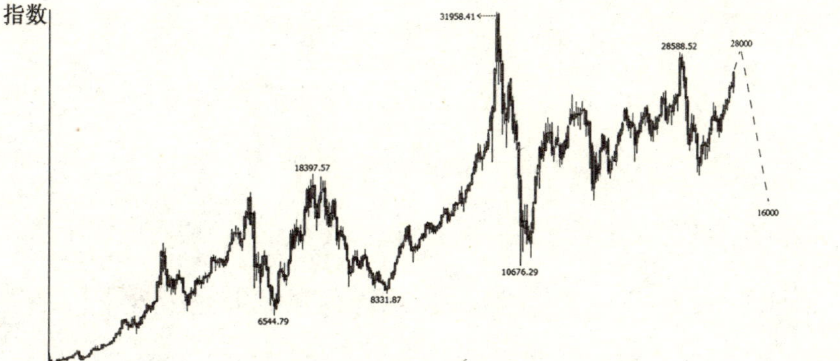

图 7　香港恒生指数月线及未来走势图

点左右，未来会回到16 000点左右，进行一个缩量三角形的大结构。香港的大节拍基本上跟上证指数大同小异，可以说是中国的缩影。中国上证指数未来一旦挑战第五大浪20 000点，会带动香港创历史新高，突破32 000点。

沪港通、深港通把香港股市和沪深股市紧密连接在一起，如此一来，中国一旦进入大牛市，香港也能分得一杯羹。因此，恒生指数再次突破32 000点是可以期待的。这种现象在全球股市是很少见的。

第八节　台股加权指数箱体大震荡

如图8所示，中国台湾地区股市在1990年创下12 682点高点，到目前历经27年，仍然在一个大箱体中来回震荡，箱体的上沿在10 000点附近，下沿在4 000点左右。因此，未来美股一旦崩盘，台股会先回到6 500点，然后反弹到9 000点，再来到4 000点附近。台股要创12 682点的新高可能要等上证指数突破6 124点。台股第四大浪走一个大箱体，到2024年，才会完成第四大浪的底部，然后展开台股的第五大浪行情，会突破历史高点12 682点。台股第五大浪的高点因为台湾变数大，具体点位很难预测。

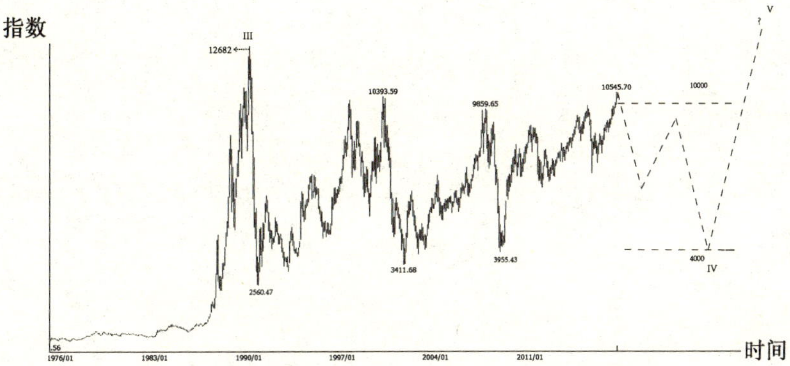

图 8　台湾台股加权指数月线及未来走势图

台股加权指数从 1990 年见顶之后，进行一个上升三角形的大整理形态，预计这种形态会持续到 2024 年，跟中国大陆同步。民进党执政也有可能在 2024 年被国民党取代，两岸关系恢复正常后，台湾地区股市才可能突破历史新高。

第九节　俄罗斯 RTS 指数反应油价高低

如图 9 所示，俄罗斯 RTS 的走势类似石油走势。2008 年 6 月，俄罗斯的 RTS 来到 2 498 高点，因为油价大跌，回到 492 点，跌幅百分之八十。后来油价强力反弹，再度拉到 2 127 点，目前在 1 000 点附近，从图形来看，俄罗斯指数可能做一个下降三角形，高点在 1 200 点有压力，600 点有支撑，也是需要压缩个七年。只要油价在 40 美元上下横盘，俄罗斯的 RTS 会在 1 200—600 点做一个底部大压缩。俄罗斯只有摆脱对石油的依赖，RTS 才能突破原有的大格局。

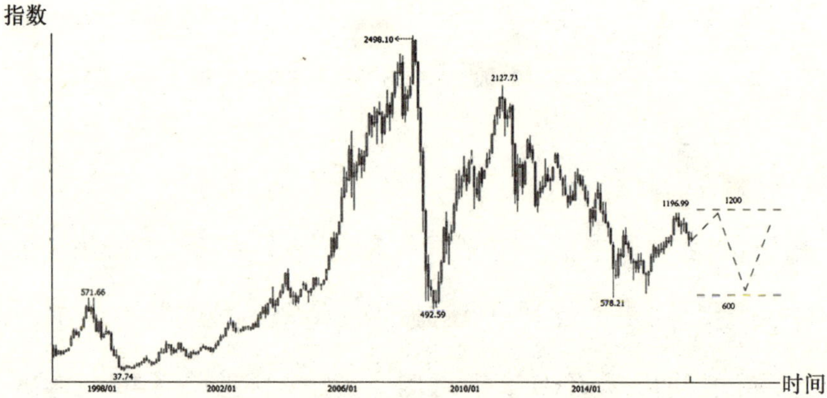

图 9　俄罗斯 RTS 指数月线及未来走势图

俄罗斯的经济过度依赖石油，只要石油低于 70 美元/桶，俄罗斯的财政赤字就很难避免，要摆脱这种困境，就要降低石油的经济比重，多多发展基础建设，用基础建设来带动经济的第二次发展。这一点中国是可以帮上很大忙的，如此一来有利于中俄的亲密伙伴关系，让俄罗斯的经济走向一个新时代。

以上各国各地区股市预测仅供参考。

本章的各国各地区股市预测，是基于波浪理论、气数观、本体观，三者综合而测，所以下面两篇讨论气数观和本体观，可产生体用合一的效果。

第二章　金融力中的气数

冬　至　吟

邵康节

冬至子之半，天心无改移。

一阳初动处，万物未生时。

第一节　气数的来源与作用

中国的《易经》有两次蜕变:第一次蜕变是春秋时代把《易经》的符号文字化,由周文王、周公来完成,孔子把它哲理化,老子把它本体化,由老子集大成;第二次蜕变在宋明理学时代,其中分成两派,理学一派,由朱熹集大成,气数一派,由邵康节集大成,不过邵康节的东西来自陈抟,陈抟的东西来自于吕洞宾,这就是气数的渊源。而邵康节的核心思想主要在《皇极经世》里,《皇极经世》的核心思想在观物篇,所以本章从观物篇来切入气数。

金融力分虚拟能力和实践能力,虚拟能力要有气数观,虚拟才会准确。实践能力要有本体观,才能培养良好心态。气数可以帮助我们预测高低点,时间循环,提升虚拟的准确度。

第二节　气数的具体解读

什么是气数

天下之数出于理。违乎理，则入于术。世人以数而入术，故失于理也，皆是论《易》之数。

说明：数之内必有理，找不出理才用术来说明，技术都有局限性，无法入道。道可以包容技术，但技术无法包容道。技术只有内存性，道不但有内存性，还有超越性。

《易》数

这里涉及的《易》数有天数、地数、真数、倚数、小衍数、大衍数、挂数、小成数、大成数、元范数等。天数五，一、三、五、七、九，合而为二十五；地数五，二、四、六、八、十，合而为三十。天数、地数合而为十数之全。真数为三，三代表动力，三三而九为乾；倚数是倚天地正数所生策数，即揲蓍策数；五为蓍之小衍数，五十为蓍之大衍数，又称蓍数；八为卦之小成数，六十四为卦之大成数；七七四十九为大衍用数；九九八十一为元范数，姓名学就用八十一做一个循环。

说明：数一共有十种，天地之数五十五，天数就是一、

三、五、七、九合为二十五；地数就是二、四、六、八、十合为三十。二十五加三十等于天地之数五十五，七七四十九为大衍用数，大衍代表时间循环。九九八十一代表空间之数，洛书就用九九八十一的相互变化，真数代表原动力，倚数代表循环的过程，八卦小成数代表独立的个体，六十四卦代表大的整体，小衍之数代表五行的变化。综合来讲，数用来计算时间、空间、量能的综合变化，这一些是《易》数的基础。

体用数

体数何为者也？生物者也。用数何为者也？运行者也。运行者也，天也；生物者也，地也。天以独运，故以用数自相乘，而以用数之用为生物之时也；地偶而生，故以体数之用阳乘阴，为生物之数也。

说明：时间循环代表天的运行，用河图来表现时间的整体观，空间数量的变化代表地的生产力，用洛书来表现力量与空间的相互变化，天用平方关系来展现它的未来，代表超越性，地用前后关系来展现逐步的变化，代表内存性。

体数

体有三百八十四，而用止于三百六十，何也？以乾、坤、离、坎之不用也。乾、坤、离、坎之不用，何也？乾、坤、离、坎之不用，所以成三百六十之用也。故万物变易，而四者不变也。夫惟不变，是以能变也。

说明：体用的关系乾、坤、坎、离，代表万物在变易中有不变的原理存在，只有不变才能产生万变，不变代表本体，无善无恶心之体，能变代表有善有恶意之动，随缘不变为体，不变随缘为用。

天圆地方

圆者径一围三，重之则六。方者径一围四，重之则八也。天圆而地方。圆者之数起一而积六，方者之数起一积八。变之则起四积十二也。六者常以六变，八者常以八变，而十二者亦以八变，自然之道也。八者，天地之体也；六者，天之用也；十二者，地之用也。天变方为圆，而常存其一；地分一为四，而常执其方。天变其体，而不变其用也；地变其用，而不变其体也。

说明：一卦有六爻，代表时间的阶段性，一阴一阳的排列组合如果以天地人来推演就会形成八卦，八卦代表天地之体，六爻代表天道循环。

存一去四

蓍德圆，以况天之数，故七七四十九也。五十者也，存一而言之也。卦德也方，以况地之数，故八八六十四也。六十也，去四而言之也。蓍者，用数也；卦者，体数也。用以体为基，故存一也；体以用为本，故去四也。圆者本一，方者本四，故蓍存一而卦去四也。蓍之用数七，并其余分，亦存一之义也；挂其一，亦去一之义也。

说明：体代表结构，用代表时间循环，体用合一就要把结构和时间循环圆融起来。

参天两地而倚数

《易》有真数，三而已。参天者，三三而九。两地者，倍三而六。参天两地而倚数，非天地之正数也。倚者，拟也，拟天地正数而生也。

《易》之数穷天地终始。或曰："天地亦有终始乎？"曰："既有消长，岂无终始？"天地虽大，是亦形器，乃二物也。

说明：这一段话，刚好说明股市牛熊的特征，上涨三浪代表三天，下跌二浪代表两地。依照波浪理论，上涨有三个推进波，下跌有两个推进波。倚数代表牛熊互相连接，不断循环，不了解牛熊的特征，很难把握大牛市和大熊市的买卖点。

神无方易无体

神者,《易》之主也,所以无方;《易》者,神之用也,所以无体。神无方而《易》无体,滞于一方,则不能变化,非神也;有定体则不能变通,非《易》也。《易》虽有体,体者象也,假象以见体,而本无体也。《易》无体也,曰既有典常,则是有体也,恐遂以为有体。故曰不可为典要。既有典常,常也,不可为典要,变也,生而成,《易》之道也。

说明:这一段话和永嘉证道歌的两句话,"体若虚空无涯岸,不离当处常湛然",其中,体若虚空代表易无体,不离当处常湛然,代表神无方,可以互相印证。体用合一的主要原则就是神无方易无体。

有变必有应

元亨利贞,变易无常,天道之变也;吉凶悔吝,变易不定,人道之应也。

天变而人效之,故元亨利贞,《易》之变也;人行而天应之,故吉凶悔吝,《易》之应也。以元亨为变,则利贞为应;以吉凶为应,则悔吝为变。元则吉,吉则利,应之亨则凶,凶则应之以贞;悔则吉,吝则凶。是以变中有应,应中有变也。变中之应,天道也。故元为变,则亨应之;利为变,则应之以贞。应中之变,人事也。故变则凶,应则吉;

变则吝，应则悔也。悔者吉之先，而吝者凶之本，是以君子从天不从人。

元者，春也，仁也。春者时之始，仁者德之长。时则未盛，而德足以长人，故言德而不言时；亨者，夏也，礼也。夏者时之盛，礼者德之文。盛极必衰，而文不足救之，故言时而不言德，故曰："大哉，乾元！而上九有悔也"；利者，秋也，义也。秋者时之成，义者德之方，万物方成而获利，义者不通于利，故言时而不言德也；贞者，冬也，智也。冬者时之末，智者德之衰。正则吉，不正则凶。故言德而不言时也，故曰利贞者，性情也。

元亨利贞之德，各包吉凶悔吝之事。虽行乎德，若违于时，亦或凶矣。初与上同，然上之亢，不及初之进也；二与五同，然二之阴中，不及五之阳中也；三与四同，然三处下卦之上，不若四之近君也。六虚者，六位也，虚以待变之事也。《易》有三百八十四爻，真天文也。

说明：《道德经》有之以为利，代表元亨，无之以为用，代表利贞。

元亨利贞是易经的核心思想，元代表原动力，亨代表通达，利代表找适当的时机来收割，贞代表保持战果。任何事物都要经过元亨利贞四个阶段的演变，最后还有一句话叫“贞下起元”，代表循环永无尽头。

先天之学心也

图虽无文（先天图也），吾终日言而未尝离乎是。盖天地万物之理，尽在其中矣。

先天图也，环中也。

先天学，心法也。故图皆自中起，万化万事生乎心也。先天学主乎诚，至诚可以通神明，不诚则不可以得道。

先天之学，心也；后天之学，迹也。

尧之前，先天也；尧之后，后天也。后天乃效法耳。

说明：成功的操作，方法占三成，心法占七成，心法包括操作心态、操作策略、市场的大方向以及国家的意志，这里的先天图指的是太极图。

易之体

《老子》五千言，大抵皆明物理。老子知《易》之体者也。

说明：《易经》本来只有符号没有文字，经过周文王、周公把它文字化，最后有孔子哲理化，建立人伦的自然法则，老子进一步把它本体化，透过本体化才能大用，这是《易经》第一阶段的蜕变；《易经》第二阶段的蜕变发生在宋明理学，理学由朱熹集大成，气数由邵康节集大成，理学传到西方促成了西方的理性运动，摆脱了神学的束缚，同时也影响了康德成立先天哲学，打破了西方传统的形而上学；目前是易经第三阶段的蜕变，主要把本体观、气数观应用在金融操作上面。

尽己之性

庄子与惠子游于濠梁之上，庄子曰："儵出游从容，是鱼乐也。"此尽己之性，能尽物之性也。非鱼则然，天下之物皆然。若庄子者，可谓善通物矣。

说明：尽己之性叫明心，尽物之性叫尽性。人性跟物性是同一个性，只要通人性就可以通物性。不过要通人性一定要先尽己之性，然后才有尽物之性，王阳明的心学就是直接从人性去悟入物性。

反经合道为权

智哉！留侯善藏其用。汉儒以反经合道为权，得一端也。权所以平物之轻重。圣人行权，酌其轻重而行之，合其宜而已。故执中无权者，犹为偏也。王通言："《春秋》，王道之权。"非王通莫能及此。故权在一身，则有一身之权；在一乡，则有一乡之权。以至于天下，则有天下之权。用虽不同，其权一也。

说明:反经合道为权代表即空即假即中。反经代表违反规律,合道代表超越规律。打个比喻,股市下跌应该要卖出才对,但是有人买进却赚大钱,因为他合乎更大的趋势。即空代表违反规律,即假代表借假修真,即中代表权衡。

天地之心

扬雄作《玄》,可谓见天地之心者也。

《素问》、《阴符》,七国时书也。《素问》、密语之类,于术之理可谓至矣。

说明:道家的书虽然很多,但真正的核心是《道德经》,对《道德经》解读最生动的是庄子。庄子说:以道观之物无贵贱,以物观之自贵而相贱,以俗观之,贵贱不在己,说明了道的超越性。

太极

太极,一也,不动。生二,二则神也。神生数,数生象,象生器。太极不动,性也。发则神,神则数,数则象,象则器,器之变亦复于神也。

心之太极,又曰道为太极。

太极,道之极也;太玄,道之玄也;太素,色之本也。

太一,数之始也;太初,事之初也;其成功则一也。

元有二，有生，天地之始者也，太极也。有，万物之中各有始者，生之本也。

说明：道的不同称呼有太极、太玄、太素、太一、太初。它们分别代表不同的出发点来了解什么是道。太极代表阴阳的平衡，太玄代表知行合一，太素代表题材，太一代表一以贯之，太初代表没有开端的开端。

万物生焉

万物各有太极、两仪、四象、八卦之次，亦有古今之象。阴阳分而生两仪，两仪交而生四象，四象交而生八卦，八卦交而生万物。故两仪生天地之类，四象定天地之体，四象生日月之类，八卦定日月之体，八卦生万物之类，重卦定万物之体。类者，生之序也；体者，象之交也。推类者，必本乎生。观体者，必由乎象。生则未来而逆推，象则既成而顺观。是故日月一类也，同出而异处也，异处而同象也。推此以往，物焉逃哉？

说明：有物混成，先天地生说明了道生天地万物，如何生，易经用简单的二进位来说明，天地万物演变的过程，这一套过程看出来道的超越性，虽然说一阴一阳之谓道，但这句话是就道的用而言，道的本体是太极，道的气数就是两仪生四象，四象生八卦，八八六十卦。

精义入神

精义入神以致用也，不精义则不能入神，不能入神则不能致用也。

无思无为者，神妙致一之地也，所谓一以贯之。圣人以此洗心，退藏于密。

心一而不分，则能应万变。此君子所以虚心而不动也。

说明：要做到不动就要先虚心以后才能包容万物，才能应万变，这个就是致虚极的应用，虚到了极点就是如如不动。

自然而然

自然而然者，天也，唯圣人能索之。

说明：自然而然就是道法自然，只有得道的圣人才能深入自然，才能发现自然法则的妙用。

穷理尽性

《易》曰："穷理尽性以至于命。"所以谓之理也，物之理也。所以谓之性者，天之性也；所以谓之命也，处理性者也。所以能处理性者，非道而何？是知道为天地之本，天地为万物之本。以天地观万物，则万物为万物；以道观天地，则天地亦为万物。道之道尽之于天矣，天之道尽之于地矣，天地之道尽之于万物矣，天地万物之道尽之于人矣。人能知其天地万物之道，所以尽于人者，然后能尽民也。

说明：什么是穷理尽性，打个比喻，虽然现代金融投资的工具和方法大多源于西方，但如何使用好这些工具，我还是更推崇我们优秀的中国哲学思想和传统民族文化。学会西方金融工具就是穷理，用中国哲学思想和民族文化来使用这些工具就是尽性。

股市的气数观跟波浪理论有密切关系，但是波浪只是用，不是体。股票市场有三个数：体数、气数、象数。体数代表结构之数，气数代表动能之数，象数代表现象之数，这三者互相影响，构成一个完整之数。一般人所做的技术分析、基本分析、行业分析、政经分析都是基于现象做出发点，深度不够，应该往上提升，进入气数观和本体观。

第三章　《道德经》、《孙子兵法》的金融应用

偈　语

茶陵郁禅师

我有明珠一颗，
久被尘劳关锁。
今朝尘尽光生，
照破山河万朵。

《道德经》的道有两个特征:内存性与超越性。任何事物的内部都有道,道依附在天地万物里面,即使天地万物毁灭,道还是存在。德就是道落实在个人的禀赋上。《道德经》八十一章充满了宇宙最高的智慧,一旦心领神会,将获得很大的解脱,而产生大用。

《孙子兵法》就是强调大用的一套完整系统。从上兵伐谋,其次伐交,其次伐兵,其下攻城都在强调大用,从无形的谋略到攻城的战斗都要一以贯之。《孙子兵法》强调道天地将法的圆融无碍,并且他强调不战而屈人之兵,一旦不得已而用兵,也要减少伤亡,才合乎恬淡为上的思想。

要成为金融战略家有两个主要的修养:先天的修养和后天的修养。

先天的修养是为了培养清净心避免情绪的干扰,只有了解先天理论之后清净心才会出现,有了清静心才能平等,才能觉悟。

培养清净心主要有两个方法,第一个本体观,第二个气数观。

本体观和气数观是一体的两面，本体观强调理，气数观强调数，金融市场任何的理论都要以数字来表达，这跟西方逻辑实证论一样，要先后天合一。

后天的修养主要有两个方法：转分析为观照和转竞争为无事。

转分析为观照就是把政经分析、行业分析、基本分析、技术分析等不同的分析方法圆融起来，圆融要用观照才能圆融。

转竞争为无事就是要善于把握机会看清长期的进场点与出场点，不要盲目的杀进杀出。

金融战略家的培养也分两个阶段：全球一盘棋的训练和《孙子兵法》的活学活用。

第一个阶段主要把各国股市、债市、期货市场用统一的观点来看待。第二个阶段主要把《孙子兵法》活学活用于规模瓶颈的突破，譬如个人30亿元的瓶颈、机构300亿元的瓶颈能轻松突破。

第一节 《道德经》的金融应用

《道德经》讲为学日益，为道日损。简单地讲，为学是做加法，为道是做减法。做加法是不断地吸收新知识，广泛地收集材料。做减法则要通过空性来过滤各种不同的可能性，并且只有进入空性才能知行合一。知行合一以后就做乘法，不过做乘法都是已经得道的高人，王阳明就是最好的例子。

日本海军大将东乡平八郎一生最崇拜的人物就是王阳明，他写了一句话：一生伏首拜阳明。东乡平八郎在日本和俄国的海战中，大获全胜就是得力于王阳明的启发。王阳明集合三万乌合之众打败了宁王的18万精锐之师，给东乡平八郎很大的启发。王阳明一生打过三次战役，平定宁王是其中的一次，另外一次，思田之役，王阳明不费一兵一卒就平定了叛乱。在中国历史上真正三不朽的人物很少，王阳明算是其中的一位，他的心学代表立德，三次战役代表立功，他的著作代表立言。王阳明27岁考中进士，因为得罪宦官刘瑾被贬到贵州龙场驿，在那里生命陷入了大危机，在九死一生之下，他顿悟了一个道理：圣人之道，吾性自足。他提出了致良知，并把他的学问总结成四句话：无善无恶心之体，有善有恶意之动，知善知恶是良知，为善去恶是格物。这四句话简称为王阳明四句教。后来他的弟子王龙溪把他提升到更高的高度，叫四无学说，无心之心则藏秘，无意之意则应圆，无知之知则体寂，无物之物则用神。

在价值分析的领域，估值的理论有很多种，到底要选哪一种，投资人往往很迷惑。例如市盈率100倍的公司，股价大涨，而市盈率5倍的公司股价却不涨，这背后的原因，是不了解气数。一般人以为合乎理论，股价就会涨，但不涨的一大堆，原因何在？答案是气不通。有人把谈判技巧归纳为四句话：摸摸底、通通气、碰碰头、拍拍板。摸底的过程只能算理通的阶段，要进一步通通气，才算气通，气通之后才能够让领导者见面拍板定论。理论知识往往执着一种可能性，并且众多理论之间有许多矛盾，会让人左右为难，这时候只有接地气的股票才会大涨，这也就是《道德经》所说的人法地，接了地气才能跟群众打成一片，不接地气往往是孤芳自赏。做股票面对的对象是广大的投资人，这些人往往不是跟着理论走，而是跟着气数走，气强的股票，大家有感觉，气弱的股票大家无感觉，一般投资人都是跟着感觉走，一旦跟着感觉走就融入气化的模式。

我们接触现象第一个阶段，是了解形态，形态代表形化，形化的背后是气化，气化的背后是本体化。形化代表涨跌与趋势，气化代表力量的压缩与膨胀，体化代表体性。所以认知股票的三个阶段分别是形化、气化、体化，只有把这三个化圆融起来才能克服诸多矛盾，坚定信念，而又不发生大错误。

在气化应用的领域里面有一条重要的原则，那就是四大皆空，换句话说，气化要展开来，要透过四大皆空。这四大：第一个是大题材，第二个是大压缩，第三个是大筹码，第四个是大级别，通过这四种方法来选股，很容易选到气势最强的主流股。另外四小无碍，也要兼顾，四小无碍包括形态、均线、成交量、指标，这四种要能圆通才能避开风险。换句话说，四大皆空接近于攻势，四小无碍接近于守势，攻守要一体，气化才圆满。四小的小不是大小的小，而是代表事物的开始，大家不注意的时候你要提前注意到。气数的核心理论，在河图洛书，河图讲时间循环的奥秘，洛书讲空间平衡的奥秘，时空的转换，就要把河图洛书的大原则融会贯通。一般人研究现象，缺乏定性的功夫，往往只做定量，河图洛书就是强调数学的体性，让体性跟现象融为一体，这也就是佛经上所说的性相合一。任何的数字，都可以归纳为金、木、水、火、土五种属性，如果对五行的理论不了解，那根据河图洛书演绎并加以总结概括的预测功能就看不出来。在金融大战略领域,性相合一是最尖端的理论与修养,先了解性相才能够把因果关系跟理事无碍圆融起来。金融领域所有的现象都已经数字化。这只是第一关。第二关要把数字性相化,才能走进本体,气数理论的核心,就是把性相、因果、理事完全圆融起来。

中国的环境生态学,主要讲两个范围,第一个形态学,就是一般人所说的左青龙、右白虎、前朱雀、后玄武,合乎这四个条件才能藏风聚气。但是这个气能聚多久,就是第二个范围,理气比较深奥,它是在研究坟墓葬下去以后,什么时间开始发达,发达能持续多久,这个都是冥冥中自有定数。金融理论与环境生态学有很多类似的地方,都同样注重形态的聚气以及时间的长短。点穴就像选股一样,一旦选对了股票,要抱多久,这个就属于理气的范围。对于形态与理气要如何圆融,那就要靠《易经》的先天思想。

《道德经》讲道法自然就是把心灵的完整性透过自然的变化表达出来,只有心灵具备了完整性才能进入客观的事实,否则都在主观的世界里,产生妄想而不自知,更不用谈知行合一了。

股票市场知行合一是最困难的，要克服这个矛盾必须把握两个重点：第一个重点，知要从先天切入；第二个重点，行要从圆融来切入，先天跟圆融互相影响。《道德经》说的天法道，这个道就是为道日损，损之又损，以至于无为。无为就是先天，不是什么事都不要做，无为只按照先天来做，先天没有信号，就不介入，等先天信号出来才大胆介入，懂先天的人，可以说胆识跟一般人完全不一样。先天的方法，都是化繁为简，很少有复杂的情况，如果情况很复杂，那就代表先天的演变尚未完成。爱因斯坦讲过一句话，一个数学公式如果很复杂，代表它的演算还没成熟，成熟的公式都是很简单的，譬如，$E=MC^2$，这个就是原子弹的公式，E 代表能量，M 代表质量，C 代表光速。毕氏定理，$C^2=A^2+B^2$，也都是很简单。伟大的公式都是很简单的，如果出现很复杂，那还要继续演算，一直演算到简单为止，做到大道至简。

《道德经》

第一章　众妙之门

道可道，非常道；名可名，非常名。无名，万物之始；有名，万物之母。故常无欲，以观其妙；常有欲，以观其徼。此两者同出而异名，同谓之玄，玄之又玄，众妙之门。

第二章　功成弗居

天下皆知美之为美，斯恶已；皆知善之为善，斯不善已。故有无相生，难易相成，长短相形，高下相倾，音声相和，前后相随。是以圣人处无为之事，行不言之教，万物作焉而不辞。生而不有，为而不恃，功成而弗居。夫惟弗居，是以不去。

第三章　不见可欲

不尚贤，使民不争；不贵难得之货，使民不为盗；不见可欲，使心不乱。是以圣人之治，虚其心，实其腹，弱其志，强其骨。常使民无知无欲，使夫知者不敢为也。为无为，则无不治。

第四章　和光同尘

道冲，而用之或不盈。渊兮似万物之宗。挫其锐，解其纷，和其光，同其尘。湛兮似若存。吾不知谁之子，象帝之先。

第五章　不如守中

天地不仁，以万物为刍狗；圣人不仁，以百姓为刍狗。天地之间，其犹橐龠乎，虚而不屈，动而愈出。多言数穷，不如守中。

第六章　谷神不死

谷神不死，是谓玄牝。玄牝之门，是谓天地根。绵绵若存，用之不勤。

第七章　天长地久

天长地久。天地之所以能长且久者，以其不自生，故能长生。是以圣人后其身而身先，外其身而身存。非以其无私邪，故能成其私。

第八章　上善若水

上善若水。水利万物，而不争；处众人之所恶，故几于道。居善地，心善渊，与善仁，言善信，政善治，事善能，动善时，夫惟不争，故无尤。

第九章　功成身退

持而盈之，不如其已。揣而锐之，不可常保。金玉满堂，莫之能守。富贵而骄，自贻其咎。功成身退，天之道也。

第十章　专气致柔

载营魄抱一，能无离乎？专气致柔，能婴儿乎？涤除玄鉴，能无疵乎？爱国治民，能无知乎？天门开阖，能无雌乎？明白四达，能无知乎？生之蓄之，生而不有，为而不恃，长而不宰，是谓玄德。

第十一章　无之为用

三十辐共一毂，当其无，有车之用。埏埴以为器，当其无，有器之用。凿户牖以为室，当其无，有室之用。故有之以为利，无之以为用。

第十二章　去彼取此

五色令人目盲；五音令人耳聋；五味令人口爽；驰骋田猎令人心发狂；难得之货令人行妨。是以圣人为腹不为目，故去彼取此。

第十三章　宠辱若惊

宠辱若惊，贵大患若身。何谓宠辱若惊？宠为下，得之若惊，失之若惊，是谓宠辱若惊。何谓贵大患若身？吾所以有大患，为吾有身，及吾无身，吾有何患！故贵以身为天下，则可寄天下；爱以身为天下者，乃可以托天下。

第十四章　无象之象

视之不见，名曰夷；听之不闻，名曰希；搏之不得，名曰微。此三者不可致诘，故混而为一。其上不徼，其下不昧。绳绳兮不可名，复归于无物。是谓无状之状，无象之象，是谓惚恍。迎之不见其首，随之不见其后。执古之道，以御今之有，能知古始，是谓道纪。

第十五章　微妙玄通

古之善为道者，微妙玄通，深不可识。夫唯不可识，故强为之容；豫兮，若冬涉川；犹兮，若畏四邻；俨兮，其若客；涣兮，若冰之将释；敦兮，其若朴；旷兮，其若谷；浑兮，其若浊。熟能浊以静之，徐清？熟能安以动之，徐生？保此道者不欲盈，夫唯不盈，故能蔽而新成。

第十六章　虚极静笃

致虚极，守静笃。万物并作，吾以观其复。夫物芸芸，各复归其根。归根曰静，静曰复命。复命曰常，知常曰明。不知常，妄作凶。知常容，容乃公，公乃王，王乃天，天乃道，道乃久，没身不殆。

第十七章　功成事遂

太上，不知有之；其次，亲之誉之；其次畏之，其次侮之。信不足焉，有不信焉。悠兮其贵言，功成事遂，百姓皆谓，我自然。

第十八章　大道废焉

大道废，有仁义。智慧出，有大伪。六亲不和，有孝慈。国家昏乱，有忠臣。

第十九章　少私寡欲

绝圣弃智，民利百倍；绝仁弃义，民复孝慈；绝巧弃利，盗贼无有。此三者，以为文不足，故令有所属；见素抱朴，少私寡欲，绝学无忧。

第二十章　独异于人

绝学无忧。唯之与阿，相去几何？美之与恶，相去若何？人之所畏，不可不畏。荒兮，其未央哉。众人熙熙，如享太牢，如春登台。我独泊兮，其未兆，如婴儿之未孩。沌沌兮，若无所归，众人皆有余，而我独若遗。我愚人之心也哉。俗人昭昭，我独昏昏；俗人察察，我独闷闷。众人皆有以，我独顽似鄙。忽兮若海，飘兮若无所止。我独异于人，而贵食母。

第二十一章　孔德之容

孔德之容，惟道是从。道之为物，惟恍惟惚。惚兮恍兮，其中有象；恍兮惚兮，其中有物；窈兮冥兮，其中有精；其精甚真，其中有信。自古及今。其名不去，以阅众甫。吾何以知众甫之然哉？以此。

第二十二章　全而归之

曲则全，枉则直，洼则盈，敝则新，少则得，多则惑，是以圣人抱一为天下式。不自见，故明，不自是，故彰，不自伐，故有功，不自矜，故长。夫唯不争，故天下莫能与之争。古之所谓“曲则全”者，岂虚言哉？诚全而归之。

第二十三章　希言自然

希言自然。飘风不终朝，骤雨不终日。孰为此者？天地。天地尚不能久，而况于人乎？故从事于道者，同于道；德者，同于德；失者，同于失。同于道者，道亦乐得之；同于德者，德亦乐得之；同于失者，失亦乐失之。信不足焉，有不信焉。

第二十四章　企者不立

企者不立，跨者不行；自见者不明，自是者不彰；自伐者无功，自矜者不长。其于道也，曰余食赘行。物或恶之，故有道者不处。

第二十五章　道法自然

有物混成，先天地生。寂兮寥兮，独立而不改，周行而不殆，可以为天下母。吾不知其名，字之曰道，强为名之曰大。大曰逝，逝曰远，远曰反。故道大，天大，地大，人亦大。域中有四大，而人居其一焉。人法地，地法天，天法道，道法自然。

第二十六章　重为轻根

重为轻根，静为躁君。是以圣人终日行不离辎重。虽有荣观，燕处超然。奈何万乘之主，而以身轻天下？轻则失根，躁则失君。

第二十七章　常善救人

善行无辙迹，善言无瑕谪，善数不用筹策。善闭无关键而不可开，善结无绳约而不可解。是以圣人常善救人，故无弃人；常善救物，故无弃物；是谓袭明。故善人者，不善人之师；不善人者，善人之资。不贵其师，不爱其资，虽智大迷。是谓要妙。

第二十八章　常德不离

知其雄，守其雌，为天下溪。为天下溪，常德不离，复归于婴儿。知其白，守其黑，为天下式。为天下式，常德不忒，复归于无极。知其荣，守其辱，为天下谷。为天下谷，常德乃足，复归于朴。朴散则为器，圣人用之，则为官长，故大制不割。

第二十九章　去奢去泰

将欲取天下而为之，吾见其不得已。天下神器，不可为也，不可执也。为者败之，执者失之。故物或行或随，或歔或吹，或强或羸，或载或隳。是以圣人去甚，去奢，去泰。

第三十章　故善者果

以道佐人主者，不以兵强天下，其事好还。师之所处，荆棘生焉；大军之后，必有凶年。善者果而已，不敢以取强。果而勿矜，果而勿伐，果而勿骄，果而不得已，果而勿强。物壮则老，是谓不道，不道早已。

第三十一章　恬淡为上

夫兵者不祥之器，物或恶之，故有道者不处。君子居则贵左，用兵则贵右。兵者不祥之器，非君子之器。不得已而用之，恬淡为上。胜而不美，而美之者，是乐杀人也。夫乐杀人者，则不可以得志于天下矣。吉事尚左，凶事尚右。偏将军居左，上将军居右，言以丧礼处之。杀人之众，以悲哀泣之；战胜，以丧礼处之。

第三十二章　知止不殆

道常无名。朴虽小，天下不敢臣。侯王若能守之，万物将自宾。天地相合，以降甘露，民莫之令而自均。始制有名，名亦既有，夫亦将知止，知止所以不殆。譬道在天下，犹川谷之与江海。

第三十三章　自知者明

知人者智，自知者明。胜人者有力，自胜者强。知足者富，强行者有志。不失其所者久，死而不亡者寿。

第三十四章　终不为大

大道泛兮，其可左右。万物恃之以生，而不辞，功成不名有。爱养万物而不为主，常无欲，可名于小。万物归焉而不为主，可名于大。是以圣人终不自为大，故能成其大。

第三十五章　往而无害

执大象，天下往。往而不害，安平泰。乐与饵，过客止。道之出口，淡乎其无味。视之不足见，听之不足闻，用之不可既。

第三十六章　国之利器

将欲翕之，必固张之。将欲弱之，必固强之。将欲废之，必固兴之。将欲夺之，必固与之。是谓微明。柔胜刚，弱胜强。鱼不可脱于渊。国之利器不可以示人。

第三十七章　道常无为

道常无为，而无不为。侯王若能守之，万物皆自化。化而欲作。吾将镇之以无名之朴。镇以无名之朴，夫亦将不欲。不欲以静，天下将自定。

第三十八章　上德不德

上德不德，是以有德。下德不失德，是以无德。上德无为而无以为，下德为之而有以为。上仁为之而无以为，上义为之而有以为。上礼为之而莫之应，则攘臂而仍之。故失道而后德，失德而后仁，失仁而后义，失义而后礼。夫礼者，道之华，而愚之始也。是以大丈夫处其厚，不居其薄；处其实，不居其华。故去彼取此。

第三十九章　以贱为本

昔之得一者，天得一以清；地得一以宁；神得一以灵；谷得一以盈；万物得一以生；侯王得一以天下正。其致之一，天无以清，将恐裂；地无以宁，将恐废；神无以灵，将恐歇；谷无以盈，将恐竭；万物无以生，将恐灭；侯王无以贵高，将恐蹶。故贵以贱为本，高以下为基。是以侯王自谓孤寡不谷，此非以贱为本耶？非乎，故至誉无誉，是故不欲琭琭如玉，珞珞如石。

第四十章　有生于无

反者道之动，弱者道之用。天下万物生于有，有生于无。

第四十一章　大器晚成

上士闻道，勤而行之；中士闻道，若存若亡；下士闻道，大笑之，不笑不足以为道。故建言有之：明道若昧，进道若退，夷道若类；上德若谷，大白若辱；广德若不足，建德若偷；质德若渝，大方无隅；大器晚成，大音希声，大象无形。道隐无名，夫唯道，善贷且成。

第四十二章　损之而益

道生一，一生二，二生三，三生万物。万物负阴而抱阳，冲气以为和。人之所恶，唯孤寡不谷，而王公以为称。故物或损之而益，或益之而损。人之所教，吾亦教之。强梁者不得其死，吾将以为教父。

第四十三章　无为之益

天下之至柔，驰骋天下之至坚。无有入于无间，吾是以知无为之有益。不言之教，无为之益，天下希及之。

第四十四章　知足不辱

名与身孰亲？身与货孰多？得与亡孰病？甚爱必大费，多藏必厚亡。知足不辱，知止不殆，可以长久。

第四十五章　大成若缺

大成若缺，其用不弊。大盈若冲，其用不穷。大直若屈，大巧若拙，大辩若讷。躁胜寒，静胜热，清静为天下正。

第四十六章　知足之足

天下有道，却走马以粪；天下无道，戎马生于郊。罪莫大于可欲，祸莫大于不知足，咎莫大于欲得。故知足之足，常足。

第四十七章　不为而成

不出户，知天下。不窥牖，见天道。其出弥远，其知弥少。是以圣人不行而知，不见而名，不为而成。

第四十八章　为学日益

为学日益，为道日损。损之又损，以至于无为。无为而无不为。取天下常以无事，及其有事，不足以取天下。

第四十九章　圣无常心

圣人无常心，以百姓之心为心。善者吾善之，不善者吾亦善之，德善，信者吾信之，不信者吾亦信之，德信。圣人在天下，歙歙焉，为天下浑其心。百姓皆注其耳目，圣人皆孩之。

第五十章 出生入死

出生入死。生之徒十有三;死之徒十有三;人之生,动之死地亦十有三。夫何故?以其生生之厚。盖闻善摄生者,路行不遇兕虎,入军不被甲兵。兕无所投其角,虎无所措其爪,兵无所容其刃。夫何故?以其无死地。

第五十一章 尊道贵德

道生之,德蓄之,物形之,势成之。是以万物莫不尊道而贵德。道之尊,德之贵,夫莫之命而常自然。故道生之,德蓄之,长之育之,成之熟之,养之覆之。生而不有,为而不恃,长而不宰,是谓玄德。

第五十二章 天下有始

天下有始,以为天下母。既得其母,以知其子;既知其子,复守其母,没身不殆。塞其兑,闭其门,终身不勤。开其兑,济其事,终身不救。见小曰明,守柔曰强。用其光,复归其明,无遗身殃,是谓袭常。

第五十三章　行于大道

使我介然有知，行于大道，唯施是畏。大道甚夷，而民好径。朝甚除，田甚芜，仓甚虚；服文彩，带利剑，厌饮食，财货有余。是谓盗夸。非道也哉。

第五十四章　善抱不脱

善建者不拔，善抱者不脱，子孙以祭祀不辍。修之于身，其德乃真；修之于家，其德乃余；修之于乡，其德乃长；修之于国，其德乃丰；修之于天下，其德乃普。故以身观身，以家观家，以乡观乡，以国观国，以天下观天下。吾何以知天下之然哉？以此。

第五十五章　物壮则老

含德之厚，比于赤子。毒虫不螫，猛兽不据，攫鸟不搏。骨弱筋柔而握固，未知牝牡之合而朘作，精之至也。终日号而不嗄，和之至也。知和曰“常”，知常曰“明”，益生曰祥，心使气曰强。物壮则老，谓之不道，不道早已。

第五十六章　为天下贵

知者不言，言者不知。塞其兑，闭其门，挫其锐，解其纷，和其光，同其尘，是谓玄同。故不可得而亲，不可得而疏；不可得而利，不可得而害；不可得而贵，不可得而贱。故为天下贵。

第五十七章　以正治国

以正治国，以奇用兵，以无事取天下。吾何以知其然哉？以此；夫天下多忌讳，而民弥贫；民多利器，国家滋昏；民多技巧，奇物滋起；法令滋彰，盗贼多有。故圣人云；我无为而民自化；我好静而民自正；我无事而民自富；我无欲而民自朴。

第五十八章　祸兮福倚

其政闷闷，其民淳淳。其政察察，其民缺缺。祸兮福之所倚，福兮祸之所伏。熟知其极？其无正也。正复为奇，善复为妖。人之迷，其日固久。是以圣人方而不割，廉而不刿，直而不肆，光而不耀。

第五十九章　长生久视

治人事天，莫如啬。夫惟啬，是谓早服。早服是谓之重积德。重积德则无不克，无不克则莫知其极。莫知其极可以有国。有国之母可以长久，是谓深根固柢，长生久视之道。

第六十章　若烹小鲜

治大国若烹小鲜。以道莅天下，其鬼不神。非其鬼不神。其神不伤人，非其神不伤人，圣人亦不伤人。夫两不相伤，故德交归焉。

第六十一章　各得其所

大国者下流，天下之交，天下之牝。牝常以静胜牡，以静为下。故大国以下小国，则取小国；小国以下大国，则取大国。故或下以取，或下而取。大国不过欲兼蓄人，小国不过欲入事人。夫两者各得其所，大者宜为下。

第六十二章　为天下贵

道者，万物之奥。善人之宝，不善人之所保。美言可以市尊，美行可以加人。人之不善，何弃之有？故立天子，置三公，虽有拱璧以先驷马，不如坐进此道。古之所以贵此道者何？不曰求以得，有罪以免邪？故为天下贵。

第六十三章　终不为大

为无为，事无事，味无味。大小多少，报怨以德。图难于其易，为大于其细。天下难事，必作于易，天下大事，必做于细。是以圣人终不为大，故能成其大。夫轻诺必寡信，多易必多难。是以圣人犹难之，故终无难。

第六十四章　慎终如始

其安易持，其未兆易谋，其脆易破，其微易散。为之于未有，治之于未乱。合抱之木，生于毫末；九层之台，起于累土；千里之行，始于足下。为者败之，执者失之。是以圣人无为故无败；无执故无失。民之从事，常于几成而败之。慎终如始，则无败事。是以圣人欲不欲，不贵难得之货；学不学，复众人之所过。以辅万物之自然，而不敢为。

第六十五章　善为道者

古之善为道者，非以明民，将以愚之。民之难治，以其智多。故以智治国，国之贼；不以智治国，国之福。知此两者亦楷式。常知楷式，是谓玄德。玄德深矣，远矣！与物反矣，乃至大顺。

第六十六章　为百谷王

江海之所以能为百谷王者，以其善下之，故能为百谷王。是以圣人欲上民，必以言下之；欲先民，必以身后之。是以圣人处上而民不重，处前而民不害。是以天下乐推而不厌。以其不争，故天下莫能与之争。

第六十七章　我有三宝

天下皆谓我，道大似不肖。夫唯大，故似不肖；若肖，久矣其细也夫。我有三宝，持而保之；一曰慈，二曰俭，三曰不敢为天下先。慈故能勇；俭故能广；不敢为天下先，故能成器长。今舍慈且勇，舍俭且广，舍其后且先，死矣。夫慈，以战则胜，以守则固。天将救之，以慈卫之。

第六十八章　不争之德

善为士者不武；善战者不怒。善胜敌者不与；善用人者为之下。是谓不争之德，是谓用人之力，是谓配天，古之极。

第六十九章　哀者胜矣

用兵有言：吾不敢为主而为客，不敢进寸而退尺。是谓行无行，攘无臂，仍无敌，执无兵。祸莫大于轻敌，轻敌几丧吾宝。故抗兵相加，哀者胜矣。

第七十章　被褐怀玉

吾言甚易知，甚易行。天下莫能知，莫能行。言有宗，事有君。夫唯无知，是以不我知。知我者希，则我者贵。是以圣人被褐怀玉。

第七十一章　不知知病

知不知上，不知知病。夫唯病病，是以不病，圣人不病，以其病病，是以不病。

第七十二章　自知自爱

民不畏威，大威至矣。无狎其所居，无厌其所生。夫唯不厌，是以不厌。是以圣人自知，不自见；自爱，不自贵。故去彼此。

第七十三章　天网恢恢

勇于敢则杀，勇于不敢则活。此两者，或利或害。天之所恶，孰知其故？是以圣人犹难之。天之道：不争而善胜，不言而善应，不召而自来，繟然而善谋。天网恢恢，疏而不漏。

第七十四章　民不畏死

民不畏死，奈何以死惧之？若使民常畏死，而为奇者，吾得执而杀之，孰敢？常有司杀者，夫代司杀者，是谓代大匠斫。夫代大匠斫者，希有不伤其手矣。

第七十五章　贤于贵生

民之饥，以其上食税之多，是以饥。民之难治，以其上之有为，是以难治。民之轻死，以其上求生之厚，是以轻死。夫唯无以生为者，是贤于贵生。

第七十六章　柔弱处上

人之生也柔弱，其死也坚强。草木之生也柔弱，其死也枯槁。故坚强者死之徒，柔弱者生之徒。是以兵强则灭，木强则折。强大处下，柔弱处上。

第七十七章　为而不恃

天之道，其犹张弓乎？高者抑之，下者举之；有余者损之，不足者补之。天之道，损有余而补不足；人之道则不然，损不足以奉有余。孰能有余以奉天下？唯有道者。是以圣人为而不恃，功成而不处，其不欲见贤。

第七十八章　受国之垢

天下柔弱，莫过于水。而攻坚强者，莫之能胜。其无以易之。故弱之胜强，柔之胜刚，天下莫不知，莫能行。故圣人云；受国之垢，是为社稷主。受国之不祥，是为天下王。正言若反。

第七十九章　常与善人

和大怨，必有余怨，安可以为善。是以圣人执左契，而不责于人。故有德司契，无德司辙。天道无亲，常与善人。

第八十章　小国寡民

小国寡民，使有什伯之器而不用，使民重死，而不远徙。虽有舟舆，无所乘之；虽有甲兵，无所陈之，使民复结绳而用之。甘其食，美其服，安其居，乐其俗。邻国相望，鸡犬之声相闻，民至老死不相往来。

第八十一章　为而不争

信言不美，美言不信，善者不辩，辩者不善。知者不博，博者不知。圣人不积，既以为人己愈有；既以与人己愈多。天之道，利而不害；圣人之道，为而不争。

《道德经》的金融应用

道代表市场运行之道，它与我们用概念所理解的市场是两回事。一般人喜欢把自己理解的市场当作真的市场，直到时过境迁才发现自己想的跟真正的市场有很大的差距。事实上，概念的世界与真实的世界是两回事，但是一般人都混为一谈。

道是很难形容的，它是超越语言、文字、思考，它是不可思议，所以要用一般的思考和理性来了解道，是很困难的。

《道德经》第一章开宗明义，就说道可道，非常道。到了第四章，更进一步指出道只能用“似”和“或”来形容。第四章，道冲而用之或不盈，渊兮似万物之宗，湛兮似若存，吾不知谁之子，象帝之先。这里面的或、似、象都代表道的无法形容。第十四章，更进一步提到是谓无状之状，无象之象，是为恍惚。迎之不见其首，随之不见其后。恍惚代表看不清楚，也想不明白。

第二十五章，把道说得最清楚，首先说，天地万物都离不开道，一旦天地万物毁灭了，道还是存在。道有它的超越性，叫独立而不改；也有它的内存性，叫周行而不殆；这个内存性跟超越性是道的两大特征。这两大特征是同时存在的。透过这两大特征，才能体会道的若即若离。第四十一章，明道若昧，进道若退，夷道若类，上德若谷，大白若辱，广德若不足，建德若偷，质真若渝一共有八个若字，道家的“若”和佛家的“如”是类似的概念，透过“若”才能隐隐约约地了解道，透过“如”才能了解如如不动的如来。《金刚经》说：如来无所从来，亦无所去，当下一念心性，就是如来，也就是道。

虽然道很难理解，但是它不是无法理解，它可以透过玄的角度来领悟什么是道。只有通过玄，道的真面目才会出现。那什么是玄？玄代表气化，这个气化把本体和现象连接在一起，否则，本体和现象没有沟通的渠道。气化的东西经过复杂的演变才会变成形化，而气化的复杂度往往出乎一般人的想象，它是一个或然率的世界，要掌握十分困难。同时，它具有高度的博弈性，很难直接猜中。不了解博弈跟或然率，就无法了解什么叫玄之又玄。玄之又玄，表示道在神秘中又有神秘，神秘的东西无法用理性来表达，只能用若即若离的寂感神应来接触这个神秘的道，同时它又是万物的本体，所以叫众妙之门，《道德经》是从事物的对立中，获得超越性。庄子说：以道观之，物无贵贱；表明了道的超越性。第二章说，故有无相生，难易相成，长短相形，高下相倾，音声相和，前后相随。这六句话代表道超越相对论而进入了本体，如果用分别心，是入不了道的。所以永嘉证道歌有一句话说：是以禅门了却心，顿入无生知见力。了却了分别心，是入道的一大关键。只有让分别心不产生，才能进入无生的境界。无生知见力就代表道，所以人一旦有了执着跟分别就很难入道。

道包含着时间、空间、力量的转化，尤其时空转换，往往会出现力量的极限。但是，具体的转换过程是如何发生的？《道德经》采用压缩膨胀理论来说明时间、空间、力量三者的转换，我们都知道股市要有大行情，前面往往有一个大压缩的阶段，并且压缩时间往往在三年以上，有了大压缩，碰到了大题材出现，才能产生大级别的膨胀行情。

第五章说，天地之间，其犹橐龠乎，虚而不屈，动而愈出。虚而不屈代表力量的压缩，动而愈出代表力量的膨胀，压缩与膨胀不断反复，就构成了宇宙的动力；这个现象可以从引擎的原理观察出来，引擎是透过活塞在气缸内部不断的压缩膨胀，才产生源源不绝的动力。所以说，股市的动力来自于哪里，有人认为来自于业绩，有的人认为来自于估值，有的人认为来自于人性，这些都有一定的合理性，但最究竟的答案是虚而不屈，动而愈出的宇宙动力观，在压缩的过程中，时空和力量是同步压缩，同步膨胀。时空是舞台，力量是演员。想要了解力量的变化，需要先了解时空的特征。

时空从哪里来，这是一个很深的问题，很难答复，但是第六章说得很清楚：谷神不死，是谓玄牝。玄牝之门，是谓天地根。绵绵若存，用之不勤。时空的根源是玄牝。玄牝也就是谷神，谷神这两个字代表空虚而又有无穷的力量，这与万有引力的力场非常相近。宇宙那么多星辰，就是靠万有引力来维持它的运转。但是万有引力，却是看不到摸不到，有点神秘性，同时它又具有包容性。虚怀若谷，就代表了包容性。第七章进一步说明了时空的特征，天长地久。天地之所以能长且久者，以其不自生，故能长生。天地为什么能既长且久，是因为它的独立性，不自生，但也不它生。上帝创造万物，谁来创造上帝，这是一个宗教的问题。

时间代表什么含义，亚里士多德说：时间是运动的测量，康德说：时间跟空间是感觉的先天模式，没有时空，就无法感知世界的存在。海德格尔说：时间是一种意识的流动，在流动的过程中，一切行为都被记录下来。它记录了一切生物跟非生物的生老病死，成住坏空。时空是自然而然的演变，但它自己在演变的过程中，会产生力量的生存灭亡。

时空要如何融合？第八章有很好的说明，上善若水。水善利万物而不争；处众人之所恶，故几于道。居善地，心善渊，与善仁，言善信，政善治，事善能，动善时，夫惟不争，故无尤。居善地代表找到一个很好的出发点，这个出发点有很深远的目标，并且沿途不断有利好来帮助，它又具有一定的节拍性，又能包容众生，又能够让事情处理好，从生存到毁灭，都有一定的时间。时空包含万物，万物不断竞争，时空是不争的，所以它很少有过错。

时间的应用与时机有密切关系，机会是观察出来的，但是一般人在机会出现的时候往往视而不见，这主要原因是对时间的循环缺少感受力，只有对时机有感觉的人，才能观天之道，执天之行。什么是时间的道理，第九章说，功成身退，天之道也。这种功成身退是时间的最重要涵养，很多功臣想不通功成身退的道理，最后都惹上杀身之祸。投资也是一样，时机成熟要晓得进退，不知进退的人，很难在投资市场获得成功。第四十七章说，不出户，知天下；不窥牖，见天道。这一句话在说明，时空的变化，有其规律性。不出户可以知天下，表示空间的规律性。不窥牖，见天道表明时间的规律性。只要能掌握时空的规律性，就能不为而成。这里的不为就是运动越少，收获越大。

第七十七章说，天之道，其犹张弓乎？高者抑之，下者举之；有余者损之，不足者与之。天之道，损有余而补不足；人之道则不然，损不足以奉有余。孰能有余以奉天下？唯有道者。是以圣人为而不恃，功成而不处，其不欲见贤。这一章也在说明反者道之动的物理原理，股价在高点要舍得卖出，低点要敢于承接，不要搞颠倒。但一般投资人，都是买在高点，卖在低点，这就是损不足以奉有余，天之道与人之道往往是颠倒的。表示众生是活在颠倒中，要远离颠倒非常困难。

《道德经》实践论

所谓道，必有行，加在一起叫道行。道往往代表在博弈的环境下，应该如何做才能获得取胜之道，最大的原则是第四十章。反者道之动，弱者道之用。这两句话在博弈的大环境中，特别管用。股票市场20%的人赚钱，80%的人亏钱。换句话说，少数人赢多数人。这20%的少数人，能够赢80%的多数人。主要原因有两点，第一点反面思考，第二点力量总是朝着抵抗力最弱的方向进行，如果不了解这两个最基本的原理，在博弈的过程中，往往输得莫名其妙。

修行要懂得先天的原理和用虚的原理，先天才能快半拍，用虚才没有人跟你争。先天原理用在金融市场，就叫气数。第十一章，三十辐共一毂，当其无，有车之用。这个三十就代表一个很重要的气数。道的修行，归纳起来，就是虚静两个字，第十六章，致虚极，守静笃，万物并作，吾以观其复。夫物芸芸，各复归其根。归根曰静，静曰复命。复命曰常，知常曰明。不知常，妄作凶。知常容，容乃公，公乃王，王乃天，天乃道，道乃久，没身不殆。

归根，这个根指的是先天或本体，复命就是代表时间循环，不了解时间循环，妄意作为往往是凶。虚代表他看清整个形势，静代表他掌握高度的主体性，不随波逐流，而又能驾驭波浪。

时空的感觉刚开始是模糊的，经过不断的演变才逐渐明朗化。不过事情明朗化机会已经消失一大半，如何提前感知时空的变化，就要做到浊以静之，要启动大波段行情，就要筹码先长期稳定，这个过程就叫安以动之。海德格尔在他的书房里面挂了两句对联，是用中文写的。这两句话是：孰能浊以静之，徐清？孰能安以动之，徐生？这两句话分别代表知行合一，浊以静之代表知，安以动之代表行。知行本来就是一，不是二。但我们因为心灵的割裂，把它当做二，这个就不是道了，它只代表理。

如果道代表河床，谋略就代表河流。很多人重谋略而忽略了本体的存在，这种谋略往往经不起事实的考验。《道德经》是一本谋略性很高的书。第三十六章说，将欲翕之，必固张之。将欲弱之，必固强之。将欲废之，必固兴之。将欲夺之，必固与之。是谓微明。柔胜刚，弱胜强。鱼不可脱于渊。国之利器不可以示人。微明两个字代表很少人看清楚这种谋略，国之利器往往不是代表兵器，而是思想或谋略。因此，谋略的保密性很重要。

为学就是增加知识，所以叫为学日益。为道就要减少欲望，所以叫为道日损。一个修道的人，不会把自己的主观意识强加在事实上面，他不用自己的想法去引导未来。因为那是徒劳无功的，只有适应市场的节拍，才能跟市场共舞，才能不断获益，达到复利的水平。换句话说，只有减少自己的主观多做减法，才能进入复利的乘法。修道的人先做减法，再做乘法。第四十八章说，为学日益，为道日损。损之又损，以至于无为，无为而无不为。取天下常以无事，及其有事，不足以取天下。要想无事取天下，《阴符经》有详细的说明，很值得参考。无为而无不为，代表无心而为，如果有心去取天下，往往会失败。这是因为，有心的人太主观，必须等到时机成熟，才足以取天下。忍耐是一个很重要的修行，忍耐是为了等待最佳时机；时机不成熟就不动如山，时机一成熟就侵掠如火。完全以时机做基准，不以个人的欲望做出发点。

形势从哪里来？一般人认为形势从力量而来，这是一种很表面的看法，真正的形势是从道德中来。先有道的布局，才有得失的发生，但是布局与得失，要用形势连接在一起。第五十一章说，道生之，德蓄之，物形之，势成之。这一段话表明：形势的根源是道德，没有道德很难把握形势。这个道德不是伦理道德，而是自然法则的把握。一般的投资人，只重形势，而忽略自然法则，所以缺少定力。

第二节 《孙子兵法》的金融应用

《孙子兵法》

第一章 计 篇

1. 孙子曰：兵者，国之大事，死生之地，存亡之道，不可不察也。

2. 故经之以五事，校之以计，而索其情。

3. 一曰道，二曰天，三曰地，四曰将，五曰法。道者，令民与上同意，故可以之死，可以与之生，而不畏危。天者，阴阳、寒暑、时制也。地者，远近、险易、广狭、死生也。将者，智、信、仁、勇、严也。法者，曲制、官道、主用也。凡此五者，将莫不闻，知之者胜，不知之者不胜。

4. 故校之以计，而索其情。曰：主孰有道？将孰有能？天地孰得？法令孰行？兵众孰强？士卒孰练？赏罚孰明？吾以此知胜负矣。

5. 将听吾计，用之必胜，留之；将不听吾计，用之必败，去之。计利以听，乃为之势，以佐其外。势者，因利而制权也。

6. 兵者，诡道也。故能而示之不能，用而示之不用，近而示之远，远而示之近。利而诱之，乱而取之，实而备之，强而避之，怒而挠之，卑而骄之，佚而劳之，亲而离之，攻其无备，出其不意。此兵家之胜，不可先传也。

7. 夫未战而庙算胜者，得算多也；未战而庙算不胜者，得算少也。多算胜，少算不胜，而况于无算乎！吾以此观之，胜负见矣。

第二章　作战篇

1. 孙子曰：凡用兵之法，驰车千驷，革车千乘，带甲十万，千里馈粮，则内外之费，宾客之用，胶漆之材，车甲之奉，日费千金，然后十万之师举矣。

2. 其用战也胜，久则钝兵挫锐，攻城则力屈，久暴师则国用不足。夫钝兵挫锐，屈力殚货，则诸侯乘其弊而起，虽有智者不能善其后矣。故兵闻拙速，未睹巧之久也。夫兵久而国利者，未之有也。故不尽知用兵之害者，则不能尽知用兵之利也。

3. 善用兵者，役不再籍，粮不三载。取用于国，因粮于敌，故军食可足也。国之贫于师者远输，远输则百姓贫；近于师者贵卖，贵卖则百姓财竭，财竭则急于丘役。力屈、财殚，中原内虚于家。百姓之费，十去其七；公家之费，破车罢马，甲胄矢弩，戟楯蔽橹，丘牛大车，十去其六。

4. 故智将务食于敌，食敌一锺，当吾二十锺；萁秆一石，当吾二十石。

5. 故杀敌者，怒也；取敌之利者，货也。故车战，得车十乘以上，赏其先得者，而更其旌旗。车杂而乘之，卒善而养之，是谓胜敌而益强。

6. 故兵贵胜，不贵久。故知兵之将，民之司命。国家安危之主也。

第三章　谋攻篇

1. 孙子曰：夫用兵之法，全国为上，破国次之；全军为上，破军次之；全旅为上，破旅次之；全卒为上，破卒次之；全伍为上，破伍次之。是故百战百胜，非善之善者也；不战而屈人之兵，善之善者也。

2. 故上兵伐谋，其次伐交，其次伐兵，其下攻城。攻城之法，为不得已。修橹轒辒，具器械，三月而后成；距堙，又三月而后已。将不胜其忿而蚁附之，杀士卒三分之一，而城不拔者，此攻之灾也。故善用兵者，屈人之兵而非战也，拔人之城而非攻也，毁人之国而非久也，必以全争于天下，故兵不顿而利可全，此谋攻之法也。

3. 故用兵之法，十则围之，五则攻之，倍则分之，敌则能战之，少则能逃之，不若则能避之。故小敌之坚，大敌之擒也。

4. 夫将者，国之辅也，辅周则国必强，辅隙则国必弱。故君之所以患于军者三：不知军之不可以进，而谓之进；不知军之不可以退，而谓之退，是谓縻军。不知三军之事而同三军之政，则军士惑矣。不知三军之权，而同三军之任，则军士疑矣。三军既惑且疑，则诸侯之难至矣，是谓乱军引胜。

5. 故知胜有五：知可以战与不可以战者胜；识众寡之用者胜；上下同欲者胜；以虞待不虞者胜；将能而君不御者胜。此五者，知胜之道也。

6. 故曰：知彼知己，百战不殆；不知彼而知己，一胜一负；不知彼，不知己，每战必殆。

第四章　形　篇

1. 孙子曰：昔之善战者，先为不可胜，以待敌之可胜。不可胜在己，可胜在敌。故善战者，能为不可胜，不能使敌之可胜。故曰：胜可知，而不可为。

2. 不可胜者，守也；可胜者，攻也。守则不足，攻则有余。善守者，藏于九地之下；善攻者，动于九天之上，故能自保而全胜也。

3. 见胜不过众人之所知，非善之善者也；战胜而天下曰善，非善之善者也。故举秋毫不为多力，见日月不为明目，闻雷霆不为聪耳。古之所谓善战者，胜于易胜者也。故善战者之胜也，无智名，无勇功，故其战胜不忒。不忒者，其所措必胜，胜已败者也。故善战者，立于不败之地，而不失敌之败也。

4. 是故胜兵先胜而后求战，败兵先战而后求胜。善用兵者，修道而保法，故能为胜败之政。

5. 兵法：一曰度，二曰量，三曰数，四曰称，五曰胜。地生度，度生量，量生数，数生称，称生胜。

6. 故胜兵若以镒称铢，败兵若以铢称镒。胜者之战民也，若决积水于千仞之溪者，形也。

第五章　势　篇

1. 孙子曰：凡治众如治寡，分数是也；斗众如斗寡，形名是也；三军之众，可使必受敌而无败者，奇正是也；兵之所加，如以碫投卵者，虚实是也。

2. 凡战者，以正合，以奇胜。故善出奇者，无穷如天地，不竭如江河。终而复始，日月是也；死而复生，四时是也。声不过五，五声之变，不可胜听也；色不过五，五色之变，不可胜观也；味不过五，五味之变，不可胜尝也。战势不过奇正，奇正之变，不可胜穷也。奇正相生，如循环之无端，孰能穷之！

3. 激水之疾，至于漂石者，势也；鸷鸟之疾，至于毁折者，节也。故善战者，其势险，其节短。势如彍弩，节如发机。

4. 纷纷纭纭，斗乱而不可乱；浑浑沌沌，形圆而不可败。乱生于治，怯生于勇，弱生于强。治乱，数也；勇怯，势也；强弱，形也。

5. 故善动敌者，形之，敌必从之；予之，敌必取之。以利动之，以卒待之。

6. 故善战者，求之于势，不责于人，故能择人而任势。任势者，其战人也，如转木石；木石之性，安则静，危则动，方则止，圆则行。故善战人之势，如转圆石于千仞之山者，势也。

第六章　虚实篇

1. 孙子曰：凡先处战地而待敌者佚，后处战地而趋战者劳。故善战者，致人而不致于人。能使敌人自至者，利之也；能使敌人不得至者，害之也。故敌佚能劳之，饱能饥之，安能动之。

2. 出其所不趋，趋其所不意。行千里而不劳者，行于无人之地也。攻而必取者，攻其所不守也；守而必固者，守其所不攻也。故善攻者，敌不知其所守；善守者，敌不知其所攻。微乎微乎，至于无形；神乎神乎，至于无声，故能为敌之司命。

3. 进而不可御者，冲其虚也；退而不可追者，速而不可及也。故我欲战，敌虽高垒深沟，不得不与我战者，攻其所必救也；我不欲战，画地而守之，敌不得与我战者，乖其所之也。

4. 故形人而我无形，则我专而敌分。我专为一，敌分为十，是以十攻其一也，则我众敌寡；能以众击寡者，则吾之所与战者，约矣。吾所与战之地不可知，不可知，则敌所备者多，故所备者多，则吾所与战者，寡矣。故备前则后寡，备后则前寡；备左则右寡，备右则左寡。无所不备，则无所不寡。寡者，备人者也；众者，使人备己者也。

5. 故知战之地，知战之日，则可千里而会战。不知战地，不知战日，则左不能救右，右不能救左，前不能救后，后不能救前，而况远者数十里，近者数里乎！以吾度之，越人之兵虽多，亦奚益于胜败哉！故曰：胜可为也。敌虽众，可使无斗。

6. 故策之而知得失之计，作之而知动静之理，形之而知死生之地，角之而知有余不足之处。故形兵之极，至于无形。无形，则深间不能窥，智者不能谋。因形而错胜于众，众不能知。人皆知我所以胜之形，而莫知吾所以制胜之形。故其战胜不复，而应形于无穷。

7. 夫兵形象水，水之形，避高而趋下，兵之形，避实而击虚。水因地而制流，兵因敌而制胜。故兵无常势，水无常形。能因敌变化而取胜者，谓之神。故五行无常胜，四时无常位，日有短长，月有死生。

第七章　争　篇

1. 孙子说：凡用兵之法：将受命于君，合军聚众，交和而舍，莫难于军争。军争之难者，以迂为直，以患为利。故迂其途，而诱之以利，后人发，先人至，此知迂直之计者也。

2. 故军争为利，军争为危。举军而争利，则不及，委军而争利则辎重捐。是故卷甲而趋，日夜不处，倍道兼行，百里而争利，则擒三将军，劲者先，疲者后，其法十一而至。五十里而争利，则蹶上将军，其法半至。三十里而争利，则三分之二至。是故军无辎重则亡，无粮食则亡，无委积则亡。

3. 故不知诸侯之谋者，不能豫交；不知山林、险阻、沮泽之形者，不能行军；不用乡导者，不能得地利。故兵以诈立，以利动，以分合为变者也。故其疾如风，其徐如林，侵掠如火，不动如山，难知如阴，动如雷霆。掠乡分众，廓地分利，悬权而动。先知迂直之计者胜，此军争之法也。

4.《军政》曰：言不相闻，故为之金鼓；视不相见，故为之旌旗。夫金鼓旌旗者，所以一人之耳目也。人既专一，则勇者不得独进，怯者不得独退，此用众之法也。故夜战多火鼓，昼战多旌旗，所以变人之耳目也。

5. 三军可夺气，将军可夺心。是故朝气锐，昼气惰，暮气归。故善用兵者，避其锐气，击其惰归，此治气者也。以治待乱，以静待哗，此治心者也。以近待远，以逸待劳，以饱待饥，此治力者也。无邀正正之旗，勿击堂堂之阵，此治变者也。

6. 故用兵之法，高陵勿向，背丘勿逆，佯北勿从，锐卒勿攻，饵兵勿食，归师勿遏，围师必阙，穷寇勿迫，此用兵之法也。

第八章　九变篇

1. 孙子曰：凡用兵之法，将受命于君，合军聚众，圮地无舍，衢地交合，绝地无留，围地则谋，死地则战，途有所不由，军有所不击，城有所不攻，地有所不争，君命有所不受。

2. 故将通于九变之利者，知用兵矣；将不通九变之利，虽知地形，不能得地之利矣；治兵不知九变之术，虽知五利，不能得人之用矣。

3. 是故智者之虑，必杂于利害，杂于利，而务可信也；杂于害，而患可解也。是故屈诸侯者以害，役诸侯者以业，趋诸侯者以利。

4. 故用兵之法：无恃其不来，恃吾有以待之；无恃其不攻，恃吾有所不可攻也。

5. 故将有五危：必死，可杀也；必生，可虏也；忿速，可侮也；廉洁，可辱也；爱民，可烦也。凡此五者，将之过也，用兵之灾也。覆军杀将，必以五危，不可不察也。

第九章　行　军

1. 孙子曰：凡处军相敌，绝山依谷，视生处高，战隆无登，此处山之军也。绝水必远水，客绝水而来，勿迎之于水内，令半济而击之，利；欲战者，无附于水而迎客；视生处高，无迎水流，此处水上之军也。绝斥泽，惟亟去无留；若交军于斥泽之中，必依水草而背众树，此处斥泽之军也。平陆处易，右背高，前死后生，此处平陆之军也。凡此四军之利，黄帝之所以胜四帝也。

2. 凡军好高而恶下，贵阳而贱阴，养生而处实，军无百疾，是谓必胜。丘陵堤防，必处其阳，而右背之，此兵之利，地之助也。上雨，水沫至，欲涉者，待其定也。

3. 凡地，有绝涧、天井、天牢、天罗、天陷、天隙，必亟去之，勿近也。吾远之，敌近之；吾迎之，敌背之。军旁有险阻、潢井、葭苇、林木、翳荟者，必谨覆索之，此伏奸之所处也。

4. 故敌近而静者，恃其险也；远而挑战者，欲人之进也；其所居易者，利也；众树动者，来也；众草多障者，疑也；鸟起者，伏也；兽骇者，覆也；尘高而锐者，车来也；卑而广者，徒来也；散而条达者，樵采也；少而往来者，营军也。

5. 辞卑而益备者，进也；辞强而进驱者，退也；轻车先出居其侧者，陈也；无约而请和者，谋也；奔走而陈兵者，期也；半进半退者，诱也。

6. 杖而立者，饥也；汲而先饮者，渴也；见利而不进者，劳也；鸟集者，虚也；夜呼者，恐也；军扰者，将不重也；旌旗动者，乱也；吏怒者，倦也；粟马肉食者，军无悬釜；返其舍者，穷寇也；谆谆翕翕，徐与人言者，失众也；数赏者，窘也；数罚者，困也；先暴而后畏其众者，不精之至也；来委谢者，欲休息也。兵怒而相迎，久而不合，又不相去，必谨察之。

7. 兵非益多也，惟无武进，足以并力、料敌、取人而已。夫惟无虑而易敌者，必擒于人。卒未亲附而罚之，则不服，不服则难用。卒已亲附而罚不行，则不可用。故令之以文，齐之以武，是谓必取。令素行以教其民，则民服；令素不行以教其民，则民不服。令素行者，与众相得也。

第十章　地形篇

1. 孙子曰：地形有通者、有挂者、有支者、有隘者、有险者、有远者。我可以往，彼可以来，曰通。通形者，先居高阳，利粮道，以战则利。可以往，难以返，曰挂。挂形者，敌无备，出而胜之；敌若有备，出而不胜，难以返，不利。我出而不利，彼出亦不利，曰支。支形者，敌虽利我，我无出也；引而去之，令敌半出而击之，利。隘形者，我先居之，必盈之以待敌。若敌先居之，盈而勿从，不盈而从之。险形者，我先居之，必居高阳以待敌；若敌先居之，引而去之，勿从也。远形者，势均，难以挑战，战而不利。凡此六者，地之道也，将之至任，不可不察也。

2. 凡兵有走者、有驰者、有陷者、有崩者、有乱者、有北者。凡此六者，非天地之灾，将之过也。夫势均，以一击十，曰走；卒强吏弱，曰驰；吏强卒弱，曰陷；大吏怒而不服，遇敌怼而自战，将不知其能，曰崩；将弱不严，教道不明，吏卒无常，陈兵纵横，曰乱；将不能料敌，以少合众，以弱击强，兵无选锋，曰北。凡此六者，败之道也，将之至任，不可不察也。

3. 夫地形者，兵之助也。料敌制胜，计险厄、远近，上将之道也。知此而用战者必胜，不知此而用战者必败。故战道必胜，主曰无战，必战可也；战道不胜，主曰必战，无战可也。故进不求名，退不避罪，唯人是保，而利合于主，国之宝也。

4. 视卒如婴儿，故可以与之赴深溪；视卒如爱子，故可与之俱死。厚而不能使，爱而不能令，乱而不能治，譬若骄子，不可用也。知吾卒之可以击，而不知敌之不可击，胜之半也；知敌之可击，而不知吾卒之不可以击，胜之半也；知敌之可击，知吾卒之可以击，而不知地形之不可以战，胜之半也。

5. 故知兵者，动而不迷，举而不穷。故曰：知彼知己，胜乃不殆；知天知地，胜乃不穷。

第十一章　九地篇

1. 用兵之法：有散地，有轻地，有争地，有交地，有衢地，有重地，有圮地，有围地，有死地。诸侯自战其地者，为散地；入人之地不深者，为轻地；我得则利，彼得亦利者，为争地；我可以往，彼可以来者，为交地；诸侯之地三属，先至而得天下众者，为衢地；入人之地深，背城邑多者，为重地；行山林、险阻、沮泽，凡难行之道者，为圮地；所由入者隘，所从归者迂，彼寡可以击吾之众者，为围地；疾战则存，不疾战则亡者，为死地。是故散地则无战，轻地则无止，争地则无攻，交地则无绝，衢地则合交，重地则掠，圮地则行，围地则谋，死地则战。

2. 古之善用兵者，能使敌人前后不相及，众寡不相恃，贵贱不相救，上下不相收，卒离而不集，兵合而不齐。合于利而动，不合于利而止。敢问："敌众整而将来，待之若何？"曰："先夺其所爱，则听矣。"兵之情主速，乘人之不及，由不虞之道，攻其所不戒也。

3. 凡为客之道，深入则专。主人不克，掠于饶野，三军足食；谨养而勿劳，并气积力；运兵计谋，为不可测。投之无所往，死且不北。死焉不得，士人尽力。兵士甚陷则不惧，无所往则固，深入则拘，不得已则斗。是故其兵不修而戒，不求而得，不约而亲，不令而信，禁祥去疑，至死无所之。吾士无余财，非恶货也；无余命，非恶寿也。令发之日，士卒坐者涕沾襟，偃卧者涕交颐，投之无所往者，诸、刿之勇也。

4. 故善用兵者，譬如率然。率然者，常山之蛇也。击其首则尾至，击其尾则首至，击其中则首尾俱至。敢问兵可使如率然乎？曰可。夫吴人与越人相恶也，当其同舟而济，遇风，其相救也如左右手。是故方马埋轮，未足恃也；齐勇若一，政之道也；刚柔皆得，地之理也。故善用兵者，携手若使一人，不得已也。

5. 将军之事，静以幽，正以治。能愚士卒之耳目，使之无知；易其事，革其谋，使人无识；易其居，迂其途，使民不得虑。帅与之期，如登高而去其梯；帅与之深入诸侯之地，而发其机。焚舟破釜，若驱群羊，驱而往，驱而来，莫知所之。聚三军之众，投之于险，此谓将军之事也。九地之变，屈伸之利，人情之理，不可不察也。

6. 凡为客之道，深则专，浅则散。去国越境而师者，绝地也；四通者，衢地也；入深者，重地也；入浅者，轻地也；背固前隘者，围地也；无所往者，死地也。是故散地，吾将一其志；轻地，吾将使之属；争地，吾将趋其后；交地，吾将谨其守；衢地，吾将固其结；重地吾将继其食，圮地，吾将进其途；围地，吾将塞其阙；死地，吾将示之以不活。故兵之情：围则御，不得已则斗，过则从。

7. 是故不知诸侯之谋者，不能预交；不知山林、险阻、沮泽之形者，不能行军；不用乡导，不能得地利。四五者不知一，非霸王之兵也。夫霸王之兵，伐大国，则其众不得聚；威加于敌，则其交不得合。是故不争天下之交，不养天下之权，信己之私，威加于敌，则其城可拔，其国可隳。施无法之赏，悬无政之令。犯三军之众，若使一人。犯之以事，勿告以言；犯之以利，勿告以害。投之亡地然后存，陷之死地然后生。夫众陷于害，然后能为胜败。故为兵之事，在顺详敌之意，并敌一向，千里杀将，是谓巧能成事者也。

8. 是故政举之日，夷关折符，无通其使，厉于廊庙之上，以诛其事。敌人开阖，必亟入之，先其所爱，微与之期。践墨随敌，以决战事。是故始如处女，敌人开户，后如脱兔，敌不及拒。

第十二章　火攻篇

1. 孙子曰：凡火攻有五：一曰火人，二曰火积，三曰火辎，四曰火库，五曰火队。行火必有因，因必素具。发火有时，起火有日。时者，天之燥也。日者，月在箕、壁、翼、轸也。凡此四宿者，风起之日也。

2. 凡火攻，必因五火之变而应之：火发于内，则早应之于外;火发而其兵静者,待而勿攻,极其火力,可从而从之,不可从则止。火可发于外,无待于内,以时发之。火发上风,无攻下风,昼风久,夜风止。凡军必知五火之变,以数守之。故以火佐攻者明,以水佐攻者强,水可以绝,不可以夺。

3. 夫战胜攻取而不修其功者,凶,命曰“费留”。故曰:明主虑之,良将修之,非利不动,非得不用,非危不战。主不可以怒而兴师,将不可以愠而致战。合于利而动,不合于利而止。怒可以复喜,愠可以复悦,亡国不可以复存,死者不可以复生。故明主慎之,良将警之。此安国全军之道也。

第十三章　用间篇

1. 孙子曰:凡兴师十万,出征千里,百姓之费,公家之奉,日费千金;内外骚动,怠于道路,不得操事者七十万家。相守数年,以争一日之胜,而爱爵禄百金,不知敌之情者,不仁之至也,非人之将也,非主之佐也,非胜之主也。

2. 故明君贤将所以动而胜人,成功出于众者,先知也。先知者,不可取于鬼神,不可象于事,不可验于度,必取于人，知敌之情者也。

3. 故用间有五：有因间，有内间，有反间，有死间，有生间。五间俱起，莫知其道，是谓神纪，人君之宝也。因间者，因其乡人而用之；内间者，因其官人而用之；反间者，因其敌间而用之；死间者，为诳事于外，令吾间知之，而传于敌间也；生间者，反报也。

4. 故三军之事，莫亲于间，赏莫厚于间，事莫密于间，非圣贤不能用间，非仁义不能使间，非微妙不能得间之实。微哉微哉！无所不用间也。间事未发而先闻者，间与所告者皆死。凡军之所欲击，城之所欲攻，人之所欲杀，必先知其守将、左右、谒者、门者、舍人之姓名，令吾间必索知之。

5. 必索敌人之间来间我者，因而利之，导而舍之，故反间可得而用也；因是而知之，故乡间、内间可得而使也；因是而知之，故死间为诳事，可使告敌；因是而知之，故生间可使如期。五间之事，主必知之，知之必在于反间，故反间不可不厚也。

6. 昔殷之兴也，伊挚在夏；周之兴也，吕牙在殷。故明君贤将，能以上智为间者，必成大功。此兵之要，三军之所恃而动也。

《孙子兵法》的应用

你如何对待市场，市场就如何对待你。把投资当做一种无形的战争，是一种很不恰当的比喻。应该说投资的最高境界和兵法一样，是不战而屈人之兵，不过要做到这一点并不容易，所以退而求其次，只能把投资勉强当做一场你争我夺的战争。如果做长线投资，就可以避开争夺的行为，获取稳定的收益，但一般人都趋向短线，因此，把投资战争化，对散户而言，仍有很高启发性。一般人读孙子兵法都忽略了第一句话的关键。第一句话说：兵者，国之大事，死生之地，存亡之道，不可不察也。这一句话的重点在于‘死’与‘亡’，死亡认识不清，很难打胜仗，投资人也一样，风险看不清楚，很难赚到钱。用兵跟投资一样，虚拟的成分很高。第三章说，谋攻篇，故上兵伐谋，其次伐交，其次伐兵，其下攻城。伐谋跟伐交与虚拟有密切的关系，伐兵和攻城是硬碰硬的功夫。虚拟没有做好，单凭实力，往往失败得莫名其妙。透过虚拟，才能全争于天下，用整体观来看全体的得失，不必在意一城一池的得失。投资人往往太注意一城一池的得失而忽略了潜在风险，所以起伏很大，很难持续获利。

投资的诀窍，就是持续复利，做到这点才能立于不败之地。其实，复利是一个很脆弱的东西，一次的亏损就会中断复利的进行。因此，谋略在于保持复利，而非暴利。形势是运用的基础，买股票只能买两样东西，一个买价值，一个买趋势，买趋势的人对形势很注重，因为有了形势，才能获利。形势的主要出发点，就是攻和守，往往先采取守势，等到时机成熟，再转换成攻势。攻守的一体化，可以从形势判断出来。

形态在投资的过程中是一个很重要的依据，不懂形态而随机买卖，往往输多赢少，有了形态的依据，才能赚多赔少。形态本身并不重要，重要的是如何利用形态，就像打仗要配合地形一样。形态学是投资很重要的依据，透过形态学你才能了解目前是处在什么位置，是底部区或者头部区，要先看清楚。底部区有底部区的形态，例如，头肩底、W 底、圆形底、复合底。头部也一样，有头肩顶、M 头、圆形头、复合头；先认清形势才能立于不败之地，不过形态有很多假的突破，或者假的跌破时常出现。为了摧毁敌人的战斗力，加速度是一个很重要的方法。第五章说，激水之疾，至于漂石者，势也；鸷鸟之疾，至于毁折者，节也。故善战者，其势险，其节短。势如扩弩，节如发机。加速度往往发生在主升段和末升段。下跌也是一样，主跌段或者末跌段往往跌得最凶。这都是利用人性的恐慌，来构成加速度的原理，透过加速度，敌人很难抵挡。

用兵是一门艺术，同样一场战争，不同的指挥官有不同的打法，也有不同的结果，但是不管战场如何千变万化，归纳起来，用兵的艺术，只有六个字：虚、实、奇、正、分、合。先懂虚实，再懂奇正，最后才能做好分合。一般打仗要如何调动敌人，最简单的方法就是故意露出破绽，或者声东击西，才能让敌人疲于奔命。虚实本身又是一个战略的机动，第六章，进而不可御者，冲其虚也；退而不可追者，速而不可及也。冲其虚，就是打击敌人的要害，速而不可及就是能全身而退。打仗，能全身而退代表他至少已经能够看透虚实；投资人也一样，只有看透虚实，在不利的时候，才能全身而退。同时，在有利的时候，要能够一击制胜。虚实跟奇正分合有密切的关系。虚实之外，奇正很重要，因为奇兵往往出敌意料之外，会产生巨大的效果，对方如果应付不当，很容易一击就溃。分合代表兵力的部署，部署错误，力量发挥不出，很容易被敌人打败。

兵力集中在决胜点上，是用兵的艺术。如何集中兵力，就要先让敌人看不穿自己的意图，而自己又能看出敌人的意图，如此一来，就能做到故形人而我无形，则我专而敌分。我专为一，敌分为十，是以十攻其一也。则我众敌寡，能以众击寡者，则吾之所与战者约矣。吾所与战之地不可知，不可知则敌所备者多，敌所备者多，则吾所与战者寡矣。故备前则后寡，备后则前寡，备左则右寡，备右则左寡，无所不备，则无所不寡。寡者，备人者也；众者，使人备己者也。这一段话把虚实的奥妙都说透了。虚实有时候是试探出来的。所以，故策之而知得失之计，作之而知动静之理，形之而知死生之地，角之而知有余不足之处。故形兵之极，至于无形。无形，则深间不能窥，智者不能谋。因形而措胜于众，众不能知。人皆知我所以胜之形，而莫知吾所以制胜之形。故其战胜不复，而应形于无穷。这一段话的核心，在于制胜之形就是不打没有把握之仗，要做到进退自如。《阴符经》里有一句话："绝利一源，用师十倍，三反昼夜，用师万倍。"深入说明了兵力集中的效果。

最后，总结一句话。夫兵形象水，水之形，避高而趋下，兵之形，避实而击虚。水因地而制流，兵因敌而制胜。

故兵无常势，水无常形。能因敌变化而取胜者，谓之神。懂得虚实，才能用兵如神。

在实战的过程中，又要做到以迂为直，以患为利。转风险为利润，就是以患为利。故迂其途而诱之以利，后人发，先人至，此知迂直之计者也。一般投资人，第一阶段是不考虑风险的，完全是一个拼命三郎。第二个阶段，吃亏吃多了，就晓得规避风险，保持实力。第三阶段，是利用风险。能做到这一点的极为少数。不过在战争里面，以迂为直，以患为利是时常出现的；这些都是奇兵，奇兵是建立在诡道上面。故兵以诈立，以利动，以分合为变者也。故其疾如风，其徐如林，侵掠如火，不动如山，难知如阴，动如雷霆，日本的武田信玄发明一种战术，叫风林火山，就是从这里悟出来的。

投资人成功的原因中方法只占三成，心态占七成。方法可以学习，心态很难学习。战争很重士气，士兵的心态很重要。同时，将军的心态要很好，不以一城一池的得失影响整个的布局。心、心态、士气、力量、权变都是战场的重要因素，不能单独看数量的多寡。临阵用兵，要遵守一定的戒律，其中最重要的就是下面这一段话：故用兵之法，高陵勿向，背丘勿逆，佯北勿从，锐卒勿攻，饵兵勿食，归师勿遏，围师必阙，穷寇勿迫，此用兵之法也。这一段话在说明用兵的八个戒律，违背这八个戒律，很容易变成猪八戒。投资人要自己建立一套实用的纪律，这一套纪律，因每个人个性而不一样，但总体的原则：趋利避害是不变的。如何让利润奔跑，让损失缩小，是实战的第一个要求。第八章说，是故智者之虑，必杂于利害，杂于利而务可信也，杂于害而患可解也。是故屈诸侯者以害，役诸侯者以业，趋诸侯者以利。这一段话，就是要用利害来结盟，增加自己的胜算。

个性是一个无形的因素。个性上的缺陷，是指挥官的大忌。故将有五危，必死可杀，必生可虏，忿速可侮，廉洁可辱，爱民可烦。凡此五者，将之过也，用兵之灾也。覆军杀将，必以五危，不可不察也。投资人最要命的是不了解自己的个性缺失在哪里？而被敌人利用。攻心为上，往往是利用对方将领的个性缺陷来取胜；一个个性有严重缺陷的将军，很容易一败涂地。投资人也一样，心态不平衡，最好多看少做，不必羡慕别人赚大钱。因为一羡慕，心态就变为攀缘心，一攀缘就有执着，然后产生许多的错误行为。

地形是一个很重要的参考，因为它是战场的所在地，形要密，形如果被破掉，就很难发挥形态的威力。夫地形者，兵之助也。料敌制胜，计险隘远近，上将之道也。这一段话说明了，地形会不会利用，往往是胜败的关键。料敌制胜主要是猜想敌人的意图，以及分配兵力的大小，用兵的风险，只有看透地形，才能看清风险。故善用兵者，譬如率然。率然者，常山之蛇也。击其首则尾至，击其尾则首至，击其中则首尾俱至。战场的反应要灵活，要攻守一体，敌人打击头部则尾部的援军马上到来，代表他的应变方位是全面性的，没有严重的致命伤，不会一击就溃。更高明的指挥官，是利用风险。聚三军之众，投之于险，此谓将军之事也。九地之变，屈伸之利，人情之理，不可不察也。要利用风险，要先懂得地形的变化，进攻退守的依据，人情士气的配合，如果这三方面没办法配合，要利用风险，就很困难。

股票利用风险，主要是做空，不过做空也不是在头部的初期，而是在头部即将变盘的时候才介入。这个就要对市场的状况有全盘的把握，利用自然的力量，来攻击敌人，是成本最轻的攻击方法。其中，以火攻最常用，其次水攻。水火无情，气候也可以当做助力。像拿破仑攻打莫斯科就是败在严寒的冬天，而非战场失利。有人说，拿破仑是败在冬将军和雪将军的手中。所以战争，一定要考虑气候的条件，以及水攻和火攻的可能性。

资源整合是胜败的关键之一，尤其信息的整合更加重要，信息整合不好，整支军队就会变成没有眼睛和耳朵，处处挨打而不知如何反击。战争的最后一张王牌，就是用间。故明君贤将所以动而胜人，成功出于众者，先知也。先知者，不可取于鬼神，不可象于事，不可验于度，必取于人，知敌之情者也。透过用间，才能做到知己知彼，晓得敌人的意图和布局，就很容易打胜仗。不可根据过去的经验，以及一般的军事理论，来预测敌人的行动。最好的方法是打进敌人的参谋本部，知道全盘的战争计划，这样就比较容易以寡击众，以弱击强。用间的目的有两个，第一个是明白敌人的意图和计划。第二个是误导敌人的计划。误导敌人往往利用反间，反间者，因其敌间而用之；就像赤壁之战，周瑜通过蒋干来误导曹操，最后才能打败兵力十倍于己的敌人。用间的原则是什么？昔殷之兴也，伊挚在夏；周之兴也，吕牙在殷。故明君贤将，能以上智为间者，必成大功。此兵之要，三军之所恃而动也，只有上智为间才能真正了解敌人，然后攻击敌人的要害，一招毙命。战争的时间要缩短，就要利用上智为间，不然兵老师疲，其他邻国可能乘机侵扰。

兵法的核心是什么？有人问王阳明，你打仗的秘诀是什么？王阳明简单回答两个字：不动。透过不动，才能进入先天，用先天思想来打败敌人是兵法的上乘功夫。

第四章　先天操作法

咏　先　天

郑焜今

乾坤定位调时空，
山泽气数一贯通。
加速来临风雷薄，
风险利润要对冲。

第一节 《易经》的先天思想

中国文化的核心思想是《易经》，它是六经之首，通达《易经》的人可以预知未来。现在的问题，他是如何预知未来，简单的答案就是先天思想。

什么是先天思想，《易经》里面有一句话，先天而天弗违，就是代表主观的先天思想要经得起后天的印证。另外一句话，后天而奉天时，换句话说要把握切入市场的最佳机会，它代表客观中的主观。理往往代表客观的分析，就像朱熹说的任何一草一木皆包含至理，这些客观的现象，你只要一个一个去研究，研究多了就会发现内在的规律，进而豁然贯通，一通百通。到了王阳明提倡心学，认为宇宙万事万物都是吾心的反应，如果人的意识不存在，宇宙万事万物都会毁灭，只要心还在万物就会存在。理学与心学虽然都提出入道的方法，但一般人都很难练成，原因是理学跟心学之间的桥梁气数没有打通。宋朝邵康节可以说是气数理论的集大成者，并且发表了《梅花易数》，占卜事物的变化十分灵验。气数学发展得比较晚，主要原因是它缺乏实践的大舞台，这个大舞台在今天才明朗化，那就是金融市场。

金融市场有理性的一面，也有感性的一面，它包含了理学和心学的主要成分，但最重要的是气数。如果一个群体只有几百人，它很难形成气数；如果这个群体有上亿人，那么它的气数就很容易显示出来。气数是用数字来表达万物的变化，并且数字本身是具有特殊性的含义。西方的数学主要表现在计量方面，气数则不但表现计量还包括属性的相生相克，这个相生相克的过程，可以用太极生两仪，两仪生四象，四象生八卦，八八六十四卦的推演来表达。我们一般的思想都是正反两面，或者做两手准备，但易经认为两手远远不够用，不够精细，不能表达变化的全部面貌，因此才有四象八卦六十四卦的进一步推演。道家理论有一句话，一气化三清，这个三清主要就是理、数、象，要把内在的道理跟外表的现象透过数字来推演，就要把气的各种变化圆融起来。

金融市场发展的初步阶段都是以散户为主，散户一多气就很强，直到发展到后期，以价值为主，它变成机构的天下，但是这两者之间，互相影响，造成理、气、数、象的一体化。这个一体化，可能把全球资本市场的真面目显露出来。未来中国、印度、美国的资本市场互相高度流通以后，《易经》的理、气、数、象就会明朗化，并且派上用场。要想把理气数象圆融，最重要的一点，那就是要具备心灵的完整性。

第二节　体相用合一

体相用思想是《华严经》的精华，不懂体相用无法深入华严境界。什么是体相用，简单地讲，体就是本体，相就是现象，用就是应用。一般的科学思想都是从现象作出发点，哲学思想则从本体作出发点，科学思想是由小而大，哲学思想是由大而小。一般的金融分析都是从现象作出发点，这种方法往往太注重细节而忽略了整体观。哲学方法有三个步骤：第一个澄清概念；第二个设定判准；第三个架构系统，有了自己的系统就不会人云亦云毫无主见。系统如果架构的很完美，可以一通百通，接近于本体。

坐在河边听水流动的声音。刚开始水的声音很嘈杂，代表短线很容易受干扰，慢慢地水的声音变得越来越小，代表已经进入中线思维，最后水声完全听不见，代表进入长线思维。

金融操作最大的挑战就是如何把主观和客观合二为一，或者把先天和后天合二为一，要想做到这一点，只有一个方法，体相用圆融。

相代表现象分析，它是科学的方法论，对于分析客观的事物，相当管用。但是一般人很容易在金融现象中产生矛盾而无所适从，当一个人无所适从的时候，很容易被群众的情绪牵着鼻子走，变成羊群心理，追高杀低时常出现。从现象来分析股市的未来，长期下来准确度只有三成，所以现象分析一定要配合本体才能克服失误。本体是个很抽象的东西，看不到，摸不到，但它主宰着整个市场进行的方向，要进入本体先要了解操作的艺术。

操作艺术包括虚实、奇正、分合。市场里面充满了很多假的信号，都要透过虚实来辨别。《孙子兵法》很强调虚实，认为用兵的艺术，第一个要明白虚实，明白虚实以后才能了解奇正，懂得奇正以后，才能善用分合。我们金融操作也是一样，第一个要明白现象的虚实，然后你才能避免被奇袭。第二个要把筹码做适当的管理。有时候，要控制风险不但要用到停损，还需要控制仓位，风险高的时候，仓位要低，风险低的时候，仓位要高，不过一般人都搞颠倒，所以股票市场永远是头部出现大量，底部量缩得很小。换句话说操作的艺术，主要是针对人性的弱点，虽然基本分析做得很好，但是人性的弱点无法克服，最后操作绩效还是不理想。一个良好的心态就是把成败、利害、得失控制在一定的范围，不要一招错满盘输。

第三节　从结构出发

一般人分析股市都是从现象出发，其准确度只有三成；反过来如果从结构出发，准确度有七成，二者悬殊很大。

任何东西只要存在必然有结构，大到星球小到量子都有结构。不过呢，很遗憾的是金融市场的结构都是时过境迁才领悟过来，这时机会已经消失了。要把握完整的机会需要事先虚拟未来的结构，不过要虚拟未来的结构相当困难，一般人所虚拟的结构往往颠倒过来。股市是个机会财，能够完整把握机会的人很少，因为他们对未来结构看不清楚。要了解未来的结构必须把波浪的特性和形态的特性融会贯通，同时要了解政经大环境的大背景，把这三个都想通了，结构自然会浮现。一旦拘泥于理论是看不出未来的大结构；一个结构至少走三年，如果看清结构，这三年很容易赚大钱。结构分三种等级，第一种三年，第二种十年，第三种三十年；把这三种结构都搞清楚，那就会变成金融大资本家或金融战略家。

第四节　性相圆融与波性

所有佛经都在谈三件事情：因果、性相、理事，这三件事情最困难的是性相，一旦性相搞通了，因果和理事就相对容易。

性相是明心见性的关键，一般人缺乏清净心，很难了解性是什么东西，惠能给出一个完美的答案：何期自性本自清静，何期自性本不生灭，何期自性本自具足，何期自性本无动摇，何期自性能生万法。体会这五句话，不但能了解自己，也能了解宇宙的万事万物，做到一通百通。

要了解股市的特性，就要先了解人性。炒股就像炒菜，人性是锅子，题材是菜色，资金是火力。把人性、题材、资金都了解，才能理解股市的真实面目。不过呢，人性是最基础的，它用波浪的形式来表达。基本上股性、人性、波性是互相圆融的，只有把股性、人性、波性搞懂，才能解释市场的所有现象。

第五节　十二字真言

要想了解股市的体相用就要先了解十二字真言：四大皆空、四小无碍、四种先天。

四大皆空代表大题材、大筹码、大压缩、大级别。四

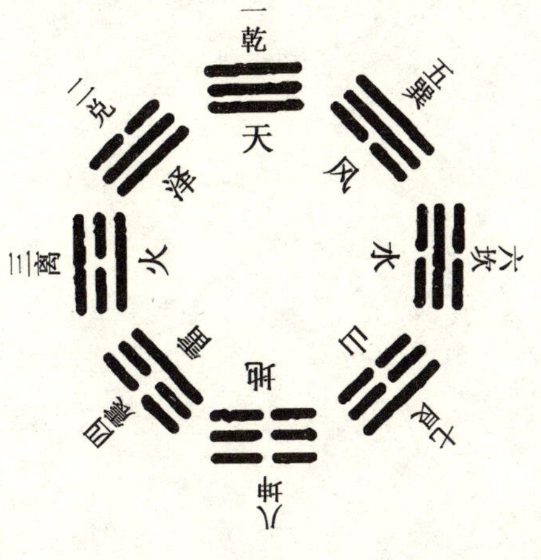

先天八卦图

小无碍代表形态、均线、指标、成交量。四种先天代表结构的先天性、波浪的先天性、气数的先天性和本体的先天性。

先天八卦的内容包括乾坤定位、山泽通气、雷风相薄、水火不相射。乾坤定位代表时空转换，时空转换来自本体；山泽通气代表大波段的高低点，它的代表理论是径一圆三；雷风相薄代表加速度的开始，这个阶段获利最容易；水火不相射代表风险和利润要有对冲措施来保护，风险收益比高的才能重仓介入。

十二字真言只了解还不够，还要能实践。要深入基本面、政经面、产业面、技术面，精通这四个面只能拿到三十分，熟悉十二字真言再拿到七十分。基本面只能算入门，无法登堂入室，要登堂入室先要经过一道玄关，这道玄关就叫十二字真言。

第五章　全球一盘棋

大 棋 局

郑焜今

宇宙在乎手，
万化生乎身。
全球一盘棋，
棋局日日新。

第一节　从商品期货出发

商品期货包括石油、黄金、铜、谷物、橡胶等，内容相当丰富，彼此之间有一定脉络可循，它反映全球的经济景气和产业的状况。

商品期货的杠杆倍数平均在七倍上下，是一种高风险的投资，一般初学者很容易在开户的三个月内输掉保证金，要常保有余不竭之气，每次投入金额不要超过资金总量的五分之一，换句话说，你有五次翻身的机会。这是针对一般投资人而言，如果学过先天理论，每次投入不超过三分之一还是很安全的。

全球一盘棋主要是锻炼全球性的眼光，了解大资本家的心智模式。目前全球商品的主导权在西方人手中，而最大消费国是中国，这个矛盾在未来十年可能会解决。中国要主导全球商品的价格，就需要一套完整的金融文化做基础。商品的价格主要有三种属性，第一种是商品属性，第二种是资金属性，第三种是战略属性，因此不能单纯从供需关系来了解它的价格，资金宽松和战略阴谋都影响价格的高低。

第二节　全球战略

当核武器出现以后，战争几乎都出现在小国之间，大国与大国不容易爆发大规模战争，但是金融战争在大国之间却不断发生。尤其透过汇率来掠夺一个国家的财富，是司空见惯的。因此，今日的全球战略变成金融战争为主，军事战争为辅。

金融战争往往有一个布局阶段，这时候一般人都察觉不出来，等到布局完成就已经无力回天，往往准备个三五年甚至十年，这个布局才完成，一般人无法事先察觉的话，往往在短暂的几个月内就被饱掠而去，充分显示其掠夺性。

《道德经》说以正治国，以奇用兵，以无事取天下。这一句话最难懂的是无事如何取天下，其实只有在博弈的大环境中，才有可能无事取天下。大国之间的博弈往往一招错满盘皆输，例如苏联的解体就是最好的例子。未来全球的大国博弈可能发生在中美之间，要打赢这场全球大博弈，中国应该好好发挥道家思想，就不难在博弈中脱颖而出。

第三节　全球文化

全球文化主要有两种，一种是农业文化，例如中国和印度；另一种是游牧文化，主要是欧洲和美国。游牧文化是以掠夺全球资源为目的，农业文化是以全球共享为目的。过去300年游牧文化进行了长期的大掠夺，搞得天下大乱。

中国文化崛起以后，强调人类命运共同体，主张透过创新、发展、包容、共享来达成人类的共同安定。未来30年，中国所提倡的新全球文化会越来越受欢迎，反之以武力威胁的西方文化将逐渐不受欢迎。

中国的包容性是全球独一无二的，地球的继承者也只有中国才能做到。大国以下小国就像大海纳百川一样，不过要包容别人要有强大的实力。这个实力反映在经济规模和军事力量，有了这两种力量，中国的“一带一路”才能顺利推展开来。中国通过基础建设把亚洲与欧洲联在一起形成一个世界岛，美国就逐步被边缘化。

从五行的观点来看，中国代表土，土旺四方，基础建设也是属于土，中国顺着土运不断向前发展，最后构建一个包容性很强的全球文化是指日可待的。

附录 《道德经》在金融市场上的运用

窦培文

老子的《道德经》，重点讲无为而无不为，无为是依顺自然，依托自然的运作规律来执行；无不为，就是遵照自然规律的条件下，有所作为。在金融市场中，无为是最高的指导原则和准则，无不为，就是在指导原则和准则下的买卖操作。但是在实际操作中，如何将《道德经》中的这些理论完好的应用到金融市场？本人总结出来以下 5 个词：虚静、柔顺、善下、不争、无为。

一、虚静——构建虚拟未来

《道德经》第十六章讲：致虚极，守静笃，万物并作，吾以观其复，夫物芸芸，各复归其根，归根曰静，静曰复命，复命曰常，知常曰明，不知常，妄作凶。老子所说的"常"与"根"就是道，但如何修炼？就在"致虚极，守静笃"这六个字上。虚同实相对，实代表形而下的现象，既然是现象，不论大小都有边界。而虚则不同，属于形而上的道，故虚极能包容万象。静极则心中无一物，亦无一念，也是到达道的层面。所以说虚静是悟道的根本。

道有两个特性：一个是内存性，一个是超越性。已知的条件就是内存性，简单讲就是看得见，摸得到的，比如企业价值、K线形态、均线结构、时空位置等。超越性就是超越市场的各种现象，不随现象的变化而变化的，属于形而上的层面。气数把内存性和超越性进行对接，形成一个完整的本体。本体就是本来是一体，将过去、现在、未来一以贯之，形成一体。

《道德经》第一章提到"故常无欲，以观其妙，常有欲，以观其徼。此两者同出而异名。同谓之玄。玄之又玄，众妙之门"。玄之又玄的诠释，有很多不同的理解，但我个人的领悟是第一个玄是空间状态，第二个玄是时间循环，两个分别来自有和无，但都会归于道。《河图》讲的是时间循环，《洛书》讲的是空间平衡。在第二十五章中讲，人法地，地法天，天法道，道法自然。地代表空间，天代表时间，天时最接近道，人在天地中间，通过虚极静笃达到天人合一，将时空循环圆融在一起。在金融市场中，时空是重要的因素，现象只是角色，时空才是舞台。所以虚拟未来的关键，就在于怎样通过时间循环和空间状态来进行先天的规划。先天地定位才能进行高低点的测量（山泽通气），然后找出关键点的雷风相薄（难易相成的突破点），最后的风险控制（水火不相射）。

虚才能大，才能有大其心，大格局，才会从本体观和整体的角度来看待金融市场标的。静才能无杂念，不受外界干扰，不被短期的涨跌所迷惑。通过虚静才能看清未来的轮廓，才能构建出符合自然之道的虚拟未来。这样才能做到胸有成竹，面对市场的涨跌，才能如如不动，了了常明。

二、柔顺——培养完整心灵

老子提出两种接近入道的状态：一个是水，一个是婴儿。

《道德经》第八章讲：上善若水。水善利万物而不争，处众人之所恶，故几于道。居善地，心善渊，与善仁，言善信，政善治，事善能，动善时，夫唯不争，故无尤。

水在常温下是液体的形态，低于零度就是固态的冰，超过 100 度就是水蒸气，形态会随着外面的环境变，这就是道的内存行。但本质不变，这就是道的超越性。也就是佛家所说的不变随缘，随缘不变。水具有柔顺众生无挂碍的智慧，就是老子借助水来向大家展示道的原因所在。在金融市场中，水的七善就是讲时空一体化原理，最后以动善时为依归。下面就是本人结合水的七善所做的一首诗：

若水七善诗

善地选择定乾坤，
心性突破找一因，
谷神善仁同频率，
善信合一心心印，
政善能辩要侧重，
事善能控随缘成，
动善顺天能应时，
时空圆融道不虚。

水最大的特性就是向着阻力最小的方向运动，在金融市场中也是一样，市场永远朝着阻力最小的方向运动。那么在金融市场中，就要像水一样的柔顺，不在高位抢筹码，不同市场做抗争，同市场的运动方向保持一致。这也是反者道之动，弱者道之用的体现。柔弱胜刚强，取柔弱，最终才能强大。道理虽然简单，但老子却说"人之迷，其日固久"。也是为什么百分之八十的人在市场中亏损的原因。

《道德经》第十章讲：载营魄抱一，能无离乎？专气致柔，能婴儿乎？是说明我们的心灵本自具足完整无缺，但在外境的影响下，身心能不分离吗？气能像婴儿一样常保有余不竭之气吗？能像婴儿无知、无欲吗？一个修行者要认识到自己的无知、无能，面对浩瀚的宇宙，我们卑微到极点，如沧海一粟，这样心灵才能做到完整。要谦卑，敬畏市场，并与市场成为朋友。

三、善下——寻找最佳买点

《道德经》第六十六章讲：江海之所以能为百谷王者，以其善下之，故能成为百谷王。江海所以能成为百川归往之处，是因为它善于处在低下的位置，这样才能让百川归往。要想汇聚万水于此地，一定是千里来龙，藏风聚气的地方。

在金融市场中藏风聚气的地方是在上升时空中才会产生的。时空有三种状态：一个是上升时空，一个是下降时空，一个是平行时空。时空定位的关键就是找出时空状态来进行有序的布局，比如在波浪结构中第二浪或者第四浪拉回缩量的满足点，就是善下的位置。善下，才能获得更高的收益，也是老子讲“有无相生，难易相成，长短相形，高下相倾”的道理所在。

《道德经》第六章讲到，谷神不死，是谓玄牝。玄牝之门，是谓天地根。天地根的玄牝之门，就是善下的位置。

道通天地有形外，
思入风云变态中。
万物静观皆自得，
四时佳兴与人同。

四、不争——保持独立性

《道德经》第二十二章讲：夫惟不争，故天下莫能与之争。正因为不与人争，所以天下没有人能与他相争。

在市场中不争就是不要追高，当然关键点的突破可以另当别论。在金融市场中要做到，《道德经》第五十四章中说的，善建者不拔，善抱者不脱，子孙以祭祀不辍。构建、完善自己的交易系统，圈定自己的能力范围，在能力范围中进行有序地捕捞作业，能力范围以外任它涨涨跌跌，此心不动，这样才能不迷、不取、不动。这也是“独立而不改，周行而不殆”的体现。不争是智慧，天地都是不争的，故能成就万物。人法天地，也要做到不争。

五、无为——抱牢不动

《道德经》第三十七章和第四十八章都提到了无为而无不为，就是说顺自然而为，运用天地之力，可以事半功倍。无为首先要见性，《禅宗》讲明心见性，在金融市场中怎样做到见性、定性、尽性？庄子讲，吾生也有涯，其知也无涯，以有涯随无涯，殆矣。可见庄子是要世人反观内照，自省，觉悟当下，去内心寻找。

孟子讲，行拂乱其所为，所以动心忍性，增益其所不能。可见孟子的性要忍，才能心不动，这样做事才不会乱为、妄为。老子《道德经》第二十九章讲，故物或行或随；或嘘或吹；或强或羸；或载或隳。老子是在讲，万物以自然为性，可通不可执着，随自然之性。

无为就是无心而为，顺自然而为，老子苦口婆心告诉世人要怎样不执著、不分别、不妄想，顺自然法则来行事，但世人总是“分别名相不知休，入海算沙徒自困”。无心而为才能不被欲望束缚，突破生命的局限。

《道德经》第六十章和第六十二章详细地说明以道来行事达到的效果。以道莅天下，其鬼不神；非其鬼不神，其神不伤人；非其神不伤人，圣人亦不伤人。夫两不相伤，故德交归焉。古之所以贵此道者何？不曰；求以得。有罪以免邪？故为天下贵。道是万物的庇荫，有求就能获得，有罪的可以免除。前提是得道多助，不可背道而驰。

股神巴菲特有两句著名的语录：一是运动越多，收获越少；二是别人恐惧我贪婪，别人贪婪我恐惧。两句话都是对无为而无不为，以及反者道之动，弱者道之用最好的诠释。无为就是选对股，抱牢它。

巴菲特之所以伟大，不在于他在股市创造的财富神话，而在于他年轻的时候领悟了许多事情，然后用一生的岁月来坚守。

以上是对《道德经》的整体感悟，难免挂一漏万，望同道中人多多指教，万分感激。

图书在版编目(CIP)数据

金融力提升之道.2,金融大未来/郑焜今著.—
上海:上海人民出版社,2017
ISBN 978-7-208-14910-6

Ⅰ.①金… Ⅱ.①郑… Ⅲ.①金融学-研究 Ⅳ.
①F830

中国版本图书馆 CIP 数据核字(2017)第 290716 号

责任编辑 苏贻鸣 张晓玲
封面设计 甘晓培

金融力提升之道 2
金融大未来
郑焜今 著
世 纪 出 版 集 团
上海人民出版社出版
(200001 上海福建中路 193 号 www.ewen.co)
世纪出版集团发行中心发行 常熟市新骅印刷有限公司印刷
开本 720×1000 1/16 印张 8.75 插页 4 字数 65,000
2017 年 12 月第 1 版 2017 年 12 月第 1 次印刷
ISBN 978-7-208-14910-6/F·2505
定价 50.00 元

"民间股神"系列

民间股神	白青山
民间股神(续集)	白青山
民间股神(第三集)	白青山
民间股神(第四集)	白青山
选股攻略	郑焜今
选股攻略实战应用	郑焜今
沪深股市走势研判实用妙法	蔡德泰
新股赢利秘招	安　阳
解读股市波浪	朱　斌
金融力提升之道	郑焜今
中华宝典与炒股制胜	郑焜今
炒股制胜三绝	陈　翰　白　露
金融力提升之道 2	郑焜今